CONSEILS

A UNE FEMME,

SUR LES MOYENS DE PLAIRE

DANS LA CONVERSATION;

SUIVIS DE POÉSIES FUGITIVES.

CONSEILS
A UNE FEMME,

SUR LES MOYENS DE PLAIRE

DANS LA CONVERSATION;

SUIVIS DE POÉSIES FUGITIVES;

PAR MME. DE VANNOZ, NÉE SIVRY.

A PARIS,

CHEZ MICHAUD FRÈRES, LIBRAIRES,
RUE DES BONS-ENFANTS, N°. 34.
DE L'IMPRIMERIE DE L. G. MICHAUD.

————

M. DCCC. XII.

AVANT-PROPOS.

Une femme m'avait demandé ce petit ouvrage ; je le commençai il y a quelques années, et je sentis, en m'en occupant, tous les défauts du sujet de la conversation. Vaste et vague à la fois, il me parut présenter deux écueils difficiles à éviter, celui d'avoir trop à dire, sans savoir où s'arrêter, et celui de ne pouvoir en même temps rien apprendre au lecteur qui ne fût déjà très connu. Je regrettai qu'un homme de talent ne s'en fût pas emparé ; car un talent véritable peut seul lui rendre, par le brillant des détails, un intérêt dont il me paraît peu susceptible. Ce regret ne dura point : j'appris bientôt que le premier de nos poètes l'avait jugé digne d'être embelli par ses vers, et je voulus abandonner mes Épîtres. M. Delille lui-même m'a engagé à les reprendre. Ce qu'il m'a dit de son poëme m'a prouvé que nous resterions aussi éloignés par le dessin, que nous devions l'être toujours par la manière de peindre. Mais je me suis interdit les portraits, excepté quelques ébauches légères, pour ne pas m'exposer à des comparaisons dans ce genre qu'il traitera d'une manière si supérieure.

Je laisse donc paraître cette bagatelle, à laquelle on avait donné, par méprise, dans un Catalogue et dans quelques Journaux, le titre de *poëme ;* et je me hâte, pour devancer celui que nous attendons avec tant d'impatience. Il n'est pas besoin d'insister sur le motif qui m'y engage : comment oser, après M. Delille, entretenir le public d'idées qui peuvent rappeler les siennes ? Suivre une route qu'il aurait déjà parcourue, ce serait voyager dans le pays où une armée victorieuse n'a laissé après elle que le bruit de ses triomphes.

CONSEILS
A UNE FEMME,

SUR LES MOYENS DE PLAIRE

DANS LA CONVERSATION.

. . . . . . Laus prima placere est
Ars confabulandi. (TARILLON.)

PREMIÈRE ÉPITRE. (1

JEUNE Zélis, vous entrez dans cet âge
Où vers le monde on dirige ses vœux,
Et vous allez, pendant un mois ou deux ,
Vous enivrer de son léger hommage ;
Mais vous verrez, Zélis, n'en doutez pas,
La Nouveauté, dieu d'un peuple frivole,
Porter bientôt aux pieds d'une autre idole

Ce même encens offert à vos appas.
Pour captiver sa faveur passagère,
Ayez recours à de plus heureux dons,
Et d'une amie écoutez les leçons.

  Oui, c'est trop peu que ce bel art de plaire
Qui du jeune âge occupe les moments;
Il en vient un où tous ces riens charmants,
Qu'embellissait une bouche jolie,
Perdent leur prix, sont traités de folie;
Où, sans égard, un censeur importun
Exige enfin de nous le sens commun;
Où nous devons penser avant de dire.
Dans la jeunesse on usurpa l'empire;
Il faut savoir le garder à trente ans.
Du cercle alors, durant quelques instants,
Si les regards vont chercher la plus belle,
Consolez-vous; elle n'aura pour elle
Que les yeux seuls: on vous écoutera;
En écoutant bientôt on l'oublîra.
Plaire à l'esprit sera votre partage.

A UNE FEMME.

Un art aimable, et souvent ignoré,
Dont le bon goût doit seul régler l'usage,
Vous offre encore un empire assuré.

Orner le fond d'un entretien frivole,
Et l'embellir par la variété;
Avec aisance, avec facilité,
Prendre à son tour et céder la parole,
Sans que l'apprêt, dans de légers propos,
Gâte le choix et des tours et des mots;
Tel est cet art, dont le monde est l'école,
Art fait pour nous, et dont ma faible voix
Veut essayer de vous montrer les loix.

Dans nos salons recueillant les hommages,
Là vous pourrez, sans dangers, sans regrets,
Briguer la palme, et chercher des suffrages
Que de l'envie épargneront les traits.

Si vous prenez pour arbitre et pour guides,
Ou vos flatteurs, ou d'imprudents amis,
Ils vous diront qu'à ces conseils timides
On doit, Zélis, opposer le mépris;

I..

Que votre esprit est fait pour nous instruire ;
Que, malgré lui, vers la gloire entraîné,
Il doit franchir un cercle trop borné,
Avec éclat briller et se produire,
Vous faire un nom, et qu'aux âges transmis
Ce nom vanté doit vivre en vos écrits.
Mais diront-ils à quel affreux supplice
Peut dévouer cette célébrité
Que vous réserve une lente justice ?

    Victime, hélas ! d'un nom trop acheté,
Si plus d'un homme, en secret tourmenté,
A dû payer du bonheur de sa vie
Un vain triomphe, et le bruit d'un moment ;
Qu'à votre sexe un danger bien plus grand
Défend encor de réveiller l'envie !
Plus de repos : bientôt la calomnie
Va vous poursuivre, épier vos penchants,
Et sur vos mœurs punira vos talents.
Il vous faudra, comme auteur, comme femme,
Craindre à la fois la critique et le blâme ;

Souvent combattre et paraître au grand jour;

Et cet éclat nous flétrit sans retour.

Contre la gloire où vous osez prétendre,

Vous trouverez les deux sexes unis ;

Nul ne voudra vous servir, vous défendre :

Tel, rejeté par les divers partis,

On voit souvent le malheureux transfuge

Entre des camps, tous deux ses ennemis,

Chercher en vain dans sa fuite un refuge.

Que ce destin, moins brillant qu'orageux,

Où sans retour un seul pas vous engage,

Belle Zélis, n'attire point vos vœux ;

Ah ! croyez-moi, plus heureuse et plus sage,

Contentez-vous d'un domaine borné.

Par l'éloquence, une femme embellie,

A dû souvent à cet art fortuné

Et le bonheur et l'éclat de sa vie;

Plus d'une a su, même au déclin des jours,

De la beauté quand la rose est flétrie,

Régner sans elle, et fixer dans son cours

Le temps qui fuit entraînant les amours.

De Maintenon vous connaissez l'histoire, (2
Et vous savez qu'un de nos plus grands rois
Cherchait près d'elle un repos à sa gloire.
Ce fier Louis, fameux par tant d'exploits,
Que tant de charme et d'éclat environne,
Le plus heureux des princes, des amants,
Vint à ses pieds, lorsqu'elle eut cinquante ans,
Lui demander de partager son trône.
Un entretien varié, séducteur,
Du prince altier avait fléchi le cœur.
Les beaux-esprits de cette cour polie,
De ses soupers bravant l'économie,
Venaient en foule habiter sa maison;
Par de bons mots, la veuve de Scarron
Occupait seule une troupe attentive,
Et l'auditeur remplaçait le convive.
Un soir enfin, quand le cercle empressé,
De ses récits, écoutés en silence,
Eut exalté la facile éloquence,

Un des valets, homme adroit et sensé,
S'approcha d'elle, et lui dit à voix basse :
« Madame, encore une histoire, de grâce,
» Le rôt nous manque, et n'est point remplacé. »
   De ces succès où ma voix vous appelle,
Le prix toujours n'est pas la royauté ;
Mais dans le monde on veut être écouté,
Et ce talent, qui doit être acheté,
Aide au bonheur, et vaut bien quelqu'étude.
Sommes-nous faits, sur ce globe habité,
Pour vivre seuls ? Ah ! si la solitude
Plaît au jeune âge, enflamme le désir ;
Si le cœur, plein des douces rêveries
Que l'espérance et l'amour ont nourries,
Veut jouir seul d'un immense avenir ;
A l'âge mûr le monde sait mieux plaire :
Désabusé de ses vastes projets,
Des longs amours, des durables succès,
Au sein du monde il revient se distraire.
C'est à cet âge, instruit dans la douleur,

Dont la sagesse est par le temps mûrie,
A nous montrer les routes du bonheur :
Le vieillard seul, des hauteurs de la vie, (3
Voit l'horizon sans voile et sans vapeur.

Si vous daignez, à mes leçons docile,
D'un art aimable étudier les loix;
Tout vous rendra cette étude facile;
Le ciel, Zélis, au son de votre voix
Voulut donner un charme irrésistible;
En l'écoutant on vous juge sensible,
Et cet accent si tendre, si flatteur,
Plaît à l'oreille en passant jusqu'au cœur.
Comme le luth, dont la corde ébranlée
A résonné sous de savantes mains,
Parle à nos sens, et de l'ame troublée
Change à son gré les pensers incertains,
Telle une voix flatteuse et cadencée
Pour émouvoir n'a pas besoin des mots :
Son harmonie imprime à la pensée
Un attrait sûr, et voilant ses défauts,

A l'admirer nous a contraint d'avance.

De cet attrait si l'heureuse puissance (4

A pu jadis du fer d'un assassin

Sauver l'aimable et jeune Desgarcin,

Tendre Azélie, il fit plus pour ta gloire,

Quand de Linval, aveugle, mais heureux,

A tes genoux il enchaîna les vœux.

De ces amants, que la touchante histoire

Vienne un instant suspendre mes leçons;

Et puisse au moins leurs destins et leurs noms

Plus que mes vers vivre dans la mémoire !

Linval était jeune et fait pour l'amour,

Il possédait tous les biens de la vie,

Quand une affreuse et longue maladie

Ferma ses yeux et le priva du jour.

Livré d'abord à la mélancolie,

Il succomba sous le poids des regrets ;

Des souvenirs, hélas ! trop pleins d'attraits,

Pour l'accabler assiégeaient sa pensée,

Et, maudissant sa carrière passée :

« Que n'ai-je, ô ciel ! disait-il en pleurant,

» Tout ignoré ! Moins à plaindre est l'enfant

* Déshérité par l'avare nature,

» Et dont les yeux ne se sont point ouverts

» Sur les trésors de ce bel univers :

» Il n'a point vu les fleurs et la verdure,

» L'aube sourire au monde rajeuni,

» Et le printemps reprendre sa parure;

× Il n'a point vu des regards d'un ami

» A son abord l'expression touchante ;

» Il n'a point lu dans les yeux d'une amante. »

Ainsi Linval déplorait son malheur.

Il fuit le monde et sa pitié stérile ;

Dans un désert il va, loin de la ville,

S'ensevelir seul avec sa douleur.

Près de ces lieux habitait une femme ;

Elle oubliait Paris et ses plaisirs ;

Parfois aussi de tristes souvenirs

La poursuivaient et pesaient sur son âme.

Belle, sensible, elle aima tendrement,

Crut être aimée, et fut bientôt trahie.
En peu de jours, ô revers accablant!
Elle voit fuir, et l'ingrat qui l'oublie,
Et sa beauté par la douleur flétrie;
Le même instant lui ravit sans retour
Et son amant, et ses droits à l'amour.

Un esprit juste, une ame droite et pure,
Dons précieux que lui fit la nature,
Étaient trop peu pour cacher sa laideur;
Mais de sa voix quand le son enchanteur
Frappait l'oreille étonnée et ravie,
De plaire encore il lui rendait l'espoir,
Et qui pouvait l'entendre sans la voir
Devait aimer la touchante Azélie.

Par le hasard notre aveugle appelé
Dans sa retraite, y fut plaint, consolé;
Les doux accents d'une voix attendrie,
Vers la raison ramenant ses esprits,
Au malheureux firent aimer la vie:
L'amour bientôt vint charmer ses ennuis.

Linval enfin, auprès de son amie,
Guidé par elle, et voyant par ses yeux,
Oublia tout, et rendit grâce aux dieux.
A ses genoux, plein d'un heureux délire,
Il se peignait, et son tendre sourire,
Et ses regards éloquents et divins ;
Les longs cheveux qu'il touchait de ses mains
Devaient orner une tête charmante,
Et d'un front pur, siége de la candeur,
En se jouant relever la blancheur.
Tous les matins lorsqu'une voix touchante
Venait frapper l'écho de la forêt,
Et rappeler Linval qui l'attendait,
De cette aimable et jeune enchanteresse
Le faux portrait excitait son ivresse ;
Il s'engageait par un nouveau serment.
Qu'on est heureux d'être aveugle en aimant !

    Dans leur paisible et solitaire asile
Survient un jour un oculiste habile.
Il peut, dit-il, à Linval enchanté

Rendre des cieux la divine clarté,

D'un voile épais dégager sa paupière.

Dieu ! quel espoir pour le cœur d'un amant !

Heureux Linval ! il va dans un instant

Voir Azélie et revoir la lumière.

Il prévoit peu le revers qui l'attend.

   « Non, non, lui dit sa tremblante maîtresse,

» Il faut vous fuir, déjà mon bonheur cesse ;

» Le même instant qui doit rouvrir vos yeux

» Doit être aussi celui de nos adieux.

» Vous me croyiez belle et faite pour plaire ;

» De mille dons votre esprit enflammé

» Parait d'avance un objet trop aimé ;

» C'était, hélas ! une image étrangère

» Qui recevait vos serments pleins d'ardeur ;

» J'avais sa voix, son langage, son cœur,

» Et non ses traits, qui fixaient votre hommage.

» Au sein du monde où vous allez rentrer,

» Vos yeux séduits reverront cette image ;

» L'heureux Linval est fait pour l'adorer.....

» Ah ! loin de vous laissez-moi vous pleurer.

» N'oubliez point la fidèle Azélie.

» Dans ces beaux lieux, d'immortels souvenirs

» Des jours passés me rendront les plaisirs......

» En vous aimant j'y finirai ma vie. »

    Elle partait : d'un véritable amour

Touchant exemple ! effort rare et sublime !

Linval l'arrête ; en renonçant au jour,

De l'inconstance il préviendra le crime.

Près d'Azélie exilé par son choix,

Toujours aveugle, et toujours aimé d'elle,

Il s'enivra des doux sons de sa voix,

En l'écoutant il la crut encor belle.

FIN DE LA PREMIÈRE ÉPITRE.

CONSEILS

A UNE FEMME,

SUR LES MOYENS DE PLAIRE

DANS LA CONVERSATION.

ÉPITRE DEUXIÈME.

A mes conseils prêtez quelques instants,
Ma jeune amie, une oreille attentive.
Quand votre voix qui séduit et captive,
A l'auditeur fait aimer ses accents,
Il faut encor qu'une étude légère
De vos discours vienne doubler l'attrait,
Et que d'un mot connaissant tout l'effet,
Zélis s'instruise aux lois d'un goût sévère.

Si de l'esprit le naturel heureux

Enfante seul la brillante saillie,
Donne aux pensers l'expression hardie,
Et les revèt d'un tour ingénieux;
De son emploi l'à-propos qui décide,
En conversant doit lui servir de guide.
N'abusez point d'un don si précieux :
L'esprit, Zélis, ressemble à la lumière, (1
Et trop d'éclat blesse parfois nos yeux.
Sachez régler sa brillante carrière :
Aux lois, au ton de la société,
Pliez l'esprit dans sa course arrêté.

Vous avez vu la jeune et belle Orphise
De ses discours la piquante franchise,
Ce ton d'emphase et ce geste animé,
Tout séduisait l'auditoire charmé.
Elle provoque et dédaigne le blàme,
S'il faut céder aux usages du temps,
Au préjugé, qui veut que toute femme
Dérobe aux yeux sous des voiles décents
Les vœux du cœur et ses secrets penchants;

Orphise abjure un sexe trop timide :
Orphise est homme, et prononce, et décide.
On l'applaudit ; et si quelqu'imprudent ,
De son avis a bravé l'ascendant,
Battu, pressé par sa mâle éloquence,
Il est réduit à garder le silence ;
En éclairs vifs c'est un feu qui jaillit,
Et la raison succombe sous l'esprit.
Craignez l'éclat d'un semblable modèle ;
Sans braver tout, sachez briller comme elle ;
Ne dites rien qui ne soit de saison :
Quand votre esprit s'immole à la raison ,
Il s'enrichit de ce qu'il sacrifie.

Voyez cette onde inonder le vallon
Et dévaster l'espoir de la prairie ;
C'est un torrent qui s'échappe par bond :
S'il est réglé, c'est un fleuve fécond
Qui rafraîchit une rive fleurie.
Ainsi d'un arbre , ornement des jardins,
Dans les rameaux dirigés par vos mains ,

En fruits, en fleurs la sève se partage;
La laissez-vous courir en liberté?
Elle prodigue un stérile feuillage,
Avec la fleur le fruit tombe avorté.

Il faut parler la langue de son âge.
Naïs le sait, un ton presqu'enfantin
Fera passer l'avis qu'elle hasarde:
Quand de sa bouche il sort un trait malin,
On le croirait échappé sans dessein.
Si la vieillesse, et docte et babillarde,
Nous endoctrine et va prêchant toujours,
C'est là son lot; mais que dans vos beaux jours
De l'argument la grave période
N'attriste point vos élégants discours,
Et que la grâce y cache la méthode.

Un autre écueil va s'offrir à son tour:
Le monde, hélas! ce juge difficile,
Sur quelques mots condamne sans retour.
Si de l'amour le chapitre fertile
Revient du cercle occuper les propos,

C'est là surtout qu'arrêtant vos pinceaux

Il faut user d'une réserve utile ;

Si vous peignez ses dangereux plaisirs,

Tous vos tableaux semblent des souvenirs.

Jadis paré des charmes du mystère,

En se voilant mon sexe avait su plaire ;

Mais nous changeons ; un babil indiscret

Trahit du cœur la plus douce pensée :

A disserter soyez moins empressée,

Et pour l'amour réservez un secret.

Dans un salon êtes-vous applaudie ?

A-t-on cité vos mots et vos portraits ?

De mille soins que les heureux effets,

Pour désarmer l'active jalousie,

Fassent d'avance excuser vos succès.

Si c'est un art, c'est le seul nécessaire :

Qui l'ignora doit renoncer à plaire.

Je sais qu'Armand, dont l'esprit est vanté,

A devant vous mille fois répété :

« L'homme tranchant, qui décide et qui fronde,

2

» Du cercle avide est le mieux écouté.

» Prétendre à plaire est une erreur profonde ;

» L'humilité n'est qu'un tort, un abus ;

» Aux yeux du ciel première des vertus,

» Elle n'est point une vertu du monde.

» Si l'on s'estime un peu plus qu'il ne faut,

» La suffisance est tôt ou tard punie ;

» Mais soyez humble, et l'on vous prend au mot. »

N'en croyez point sa doctrine hardie ;

Vous le savez, Zélis, la modestie

Est au génie, au savoir, au talent,

Ce qu'est au jour un voile transparent

Qui nous permet d'en souffrir la lumière :

En raisonnant vous cédez la première ;

Dans le discours l'homme simple et sensé

Serait par vous sans effort éclipsé ;

Mais votre esprit à son niveau s'abaisse :

Prompte à cacher vous-même vos moyens,

Vous mesurez vos discours sur les siens ;

Vous le trompez sur sa propre faiblesse.

C'est un enfant qui marche près de vous,
Qui s'applaudit d'avoir atteint son guide,
Et ne voit pas avec quel soin jaloux,
Ralentissant votre course rapide,
Vous imitez son pas lent et timide.

 A ce guerrier, compagnon des héros, (2
Citez les faits de ses antiques guerres,
Et du marin, aux rives étrangères
Suivez encor la course et les travaux.
Pour la jeunesse ordonnez une fête, (3
Soyez frivole, et même un peu coquette ;
Que le vieillard, dans vos sages propos,
Aime à trouver l'éloge du repos,
Du temps passé pleure avec vous la fuite,
Et de nos jours la morale détruite.
Morne et pensif dans vos cercles brillants,
Si l'étranger, à ses amis absents,
A ses regrets, s'abandonne en silence ;
Cherchez ses yeux, vantez-lui le pays,
L'asyle heureux, les antiques abris

Où dans la paix s'éleva son enfance :

Il s'attendrit à ces doux souvenirs,

Et le passé lui rend quelques plaisirs.

Eh ! qui sait mieux qu'un femme jolie,

Par un regard, ou par un mot discret,

Des souvenirs de la mélancolie

Au fond du cœur surprendre le secret ?

Je vous ai dit comment vous saurez plaire.

Mais dois-je ici, de nos communs défauts

Tracer encore une esquisse légère ?

A ces défauts Zélis est étrangère ;

D'un cercle oisif dédaignant les propos,

Elle ignora comment une soirée,

Par la coutume à l'ennui consacrée,

Se passe entière à de vains compliments ;

A raisonner sur les effets du temps,

Le froid, le chaud, dont le degré varie ;

A consulter Céphise ou Valérie

Sur le grand art de nos ajustements ;

A condamner le goût de quelques femmes,

Qu'on vit hier, pour la première fois,
Orner leur front des modes de six mois;
Sans qu'un journal, s'il n'est celui des Dames,
Sans qu'un roman, qu'on cite mal ou bien,
Fasse un instant les frais de l'entretien.

A votre esprit, de mes leçons avide,
J'aime à prédire un succès mérité ;
S'il faut blâmer je deviens plus timide;
Mais qu'un avis, par l'amitié dicté,
Vous montre au moins les écueils de la route :
Gardez, Zélis, de croire à l'intérêt
D'un monde vain, d'un cercle où vous écoute
L'indifférent, et souvent l'indiscret :
Fuyez le *moi* qui l'irrite et l'offense.
Laissez Néris, ou l'insipide Hortense, (4
Sous son orgueil cachant sa nullité,
Nous fatiguer de ce *moi* répété.
Si je réprouve un défaut qui me blesse :
« Ah! de le fuir, dit-elle, j'ai pris soin. »
D'une vertu j'exalte la noblesse :

Hortense ajoute : « Et chacun m'est témoin -
» Que j'ai suivi ce louable modèle. »
Ainsi partout, qu'on parle prose ou vers,
Ou politique, ou science, ou nouvelle,
A sa coutume on la trouve fidelle ;
Jamais le *moi*, sous des termes divers,
Ne se dérobe, et sa phrase commence
Par ces trois mots : *je suis, je fais, je pense.*

De ce travers préservez-vous, Zélis ;
La vanité, ce conseiller perfide,
Peut vous tromper, et demande qu'un guide
Prévienne au moins ses dangereux avis.
C'est elle encor qui donne à la satire
Son amertume et son fiel détesté ;
Qui nous instruit à blâmer, à médire.
Un trait méchant provoque le sourire :
Par le mépris dût-il être acheté,
Ce vil succès plaît à la vanité.

On a trop vu la bonne compagnie
Nourrir, flatter la sourde calomnie,

Quand le mérite excitait son dépit.

Bientôt, Zélis, la grossière imposture

De groupe en groupe et gagne et se redit.

En incrédule écoutant l'aventure,

D'abord on garde un reste de mesure,

On interroge, on doute, mais on rit.

On souffre enfin la femme médisante,

D'elle et de nous à la fois mécontente.

Au dard aigu dont s'arme son esprit,

Cet esprit nul a dû tout son crédit;

Elle ne sait que voir un ridicule,

Que s'emparer d'un bruit faux qui circule;

Si dans le monde un jour tout était bien,

Que nous dirait Cidalise alors? Rien.

Avec gaîté, de la plaisanterie

On peut s'armer pour châtier un fat,

Le corriger, sans humeur, sans éclat;

Mais accabler celui qui s'humilie,

Jusqu'à l'aigreur pousser la raillerie,

Du vrai bon ton c'est violer les lois;

C'est en combat transformer un tournois.

Songez enfin qu'une réserve habile
Fait mieux valoir un parleur éloquent;
Que tout plaisir vaut mieux quand on l'attend,
Et perd son prix à devenir facile.
Du dialogue à propos s'exiler,
Sans se lasser, écouter et se taire,
Est la moitié du talent de parler.

D'un babillard, auditeur débonnaire,
Cacher l'ennui qu'excitent ses propos,
Et du discours épiant les repos,
Placer le *oui* qu'il attend, qu'il espère;
Cet art n'est rien, et de tous nos secrets
C'est le premier qui conduit aux succès.
Quand le joueur occupe l'auditoire
Du triste sort de son *as mal placé*;
Quand le chasseur de son *lièvre forcé*
Vient vous conter la mémorable histoire;
Plaignez leurs maux, prenez part à leur gloire.
Écoutez bien; parlez plus rarement.

Ce babillard, qui l'obsède un moment,
A ma Zélis, toujours discrète et sage,
Va ménager un nouvel avantage,
Si dans le cercle elle jette en passant
Un mot heureux dont la place est choisie,
Et, rougissant de se voir applaudie,
Montre à regret un esprit séducteur,
(Car l'esprit même a chez nous sa pudeur.)
Peut-être encor quelque troupe savante,
Qui sur un fait glose, prouve, argumente,
Viendra, Zélis, étaler à vos yeux
Les doctes fruits d'un loisir studieux,
Citer les Grecs et leur académie;
En admirant alors oubliez-vous;
De l'entretien sachez être bannie
Sans le troubler par un babil jaloux.
Rappelez-vous qu'Ève belle et modeste, (5
Lorsqu'à sa table un messager céleste,
Du monde enfant dévoilant les destins,
Entretenait le premier des humains;

2...

S'éloignait d'eux ; allait sous le bocage
Soigner ses fleurs, relever de sa main
La jeune plante et le naissant feuillage
Qui s'inclinaient sous les pleurs du matin.

FIN DE LA DEUXIÈME ÉPITRE.

CONSEILS
A UNE FEMME,

SUR LES MOYENS DE PLAIRE

DANS LA CONVERSATION.

ÉPITRE TROISIÈME.

Vous avez vu dans sa route incertaine
L'enfant léger que le caprice entraîne,
Parmi les champs courant de fleurs en fleurs,
De ses bouquets mélanger les couleurs :
Dans le discours imitez son caprice,
Pour m'attacher, qu'un heureux artifice
Varie ainsi vos tons et vos sujets;
N'épuisez rien, effleurez les objets;
Contentez-vous d'éveiller la pensée :

Et si parfois l'attention lassée
De tant de soins paya mal votre esprit,
Qu'une anecdote avec grâce placée,
Ranime alors l'entretien qui languit.
Sachez la rendre avec art vraisemblable ;
C'en est assez : le vrai déplaît souvent,
Et le conteur a besoin d'être aimable.
Tel d'un banquet l'Amphytrion prudent (¹
Observe tout, et de chaque convive
Sait ranimer l'appétit indolent ;
Change de mets, d'une sauce plus vive,
D'un vin plus frais appelle le secours :
Ainsi l'on plaît en variant toujours.

    L'art de conter est un art difficile.
Tantôt, Zélis, le récit abrégé
D'aucun détail ne veut être chargé ;
Il court au but ; le narrateur habile
Fait mieux valoir un mot, un trait saillant ;
Par un débit naïf et peu brillant ;
Et quelquefois, cherchant plus de parure,

A ses détails amenés sans apprêt,
Un fond léger devra son intérêt. -

    Quand Léonor, du groupe qu'elle enchaîne
A su fixer, par d'aimables récits,
Le cœur, les yeux, l'oreille et les esprits;
Dans ces récits, dont le charme m'entraîne,
J'aime à la voir des poètes fameux
Suivre l'exemple, et m'éloigner comme eux
Du dénoûment que suspend son adresse.
Tel Arioste, égarant ses héros,
De cours en cours, de faiblesse en faiblesse,
Me montre un terme à leurs hardis travaux,
Puis tout à coup les soustrait à ma vue,
Reprend vingt fois sa fable interrompue,
Vingt fois excite et trompe le désir,
Et du lecteur double ainsi le plaisir.

    Mais, si d'un conte alongé sans mesure,
A chaque pas le triste narrateur
Se perd, revient, s'arrête, s'embarrasse;
Si m'efforçant, bénévole auditeur,

De conserver et de suivre sa trace,

Par cent détours il m'éprouve et me lasse ;

En l'écoutant je le maudis tout bas.

J'aimerais mieux, je crois, ce Lisidas,

Froid discoureur, dont la mémoire exacte

Rapporte un fait comme on lirait un acte ;

N'ajoutant rien, poussant la probité

Jusqu'à n'oser changer une virgule,

Lorsqu'il oublie avec moins de scrupule

Qu'au même cercle il l'a vingt fois conté.

Ainsi Cléon, épuisant sa mémoire,

Va se traîner de victoire en victoire,

De siége en siége, et citer et dater

De nos guerriers la merveilleuse histoire :

L'impertinent ferait haïr la gloire

Qui, malgré moi, me force à l'écouter.

Et je crois voir le pâtre de la Grèce,

D'un sol heureux profanant la richesse,

Pour se bâtir de rustiques abris,

Du Parthénon mutiler les débris.

Je veux le fuir, mais Dorimon m'arrête :
Ce voyageur, éternelle gazette (2
De cent pays dont on a tout cité,
Pour mon malheur vient de visiter Rome,
Et d'un journal, par extrait rapporté,
Sans nul égard me fatigue et m'assomme.
C'est vainement que je crois l'éviter,
Ou détourner l'entretien qui me glace;
Mon voyageur ne saurait me quitter
Qu'avec scrupule il n'ait de chaque place,
La toise en main, calculé tout l'espace :
Il fait errer mes pas et mes regards,
Va, court, revient des autels du dieu Mars
Au saints autels de la Rome chrétienne;
Et, m'entraînant sur la voie Appienne,
Me plonge enfin dans les bains des Césars.

  Mais je m'oublie, et Zélis se fatigue
De ces leçons que mon zèle prodigue.
Sous quelques fleurs il faut savoir couvrir
Et le précepte et les règles sévères :

Ainsi l'enfant que notre art veut guérir (3
Reçoit le suc des plantes salutaires
Qu'un soin prudent à ses yeux a célé;
Et, souriant à sa tremblante mère,
Aux bords du vase où le miel a coulé,
Boit la santé dans la liqueur amère.
Eh bien! je veux, égayant cet écrit,
Vous mieux prouver, par un conte frivole,
De l'art heureux d'embellir la parole
Quel est sur nous l'empire et le crédit.

  Aux riches bords où Samarcande étale (4
A l'œil surpris sa pompe orientale,
Vivait jadis un sultan renommé,
Né pour la gloire, et fait pour être aimé.
Épris, hélas! d'une épouse trop belle,
Qu'il s'affligeait de quitter un seul jour,
Devait-il donc trouver une infidelle?
Pour un esclave on trahit son amour:
Un nègre plut à la reine parjure......
Dieu sans pitié, ce sont là de vos jeux!

Rival d'un roi, l'esclave fut heureux.

Notre sultan ignorait l'aventure ;

Mais tout s'apprend, et, mieux instruit enfin,

Il vit le crime, et vengea son injure ;

Il étrangla de sa royale main,

Sans nul égard, son esclave et sa dame.

Dans sa colère il s'était bien promis

De renoncer à l'amour d'une femme,

D'abandonner son trône, son pays.....

La douleur passe, on redevient plus sage,

Et fuir l'hymen n'était pas de son âge.

Le jeune roi revint à son palais ;

Mais, trop instruit par tant de perfidie,

D'un grand exemple épouvanta l'Asie.

Sur sa couronne il jura que jamais

Pour son épouse une femme choisie

Ne porterait ce titre un jour entier :

Victime, hélas ! d'un arrêt meurtrier,

Le lendemain la reine détrônée

Était en pompe à l'échafaud traînée.

Chaque matin ainsi sa cruauté
A Samarcande enlevait une belle,
Et chaque soir une beauté nouvelle
Était offerte au monarque irrité,
Sûr à ce prix de sa fidélité.

Ce sceptre affreux offert par la vengeance,
Ce trône enfin qui, d'ombres entouré,
De l'échafaud n'était plus qu'un degré,
Le croirez-vous? put tenter l'espérance
D'un sexe faible et pourtant courageux:
Plus d'une femme osa chercher les vœux,
Briguer le choix du jaloux en délire,
Se flattant bien qu'elle ne mourrait pas,
Mais qu'un prodige, illustrant ses appas,
Allait changer la face de l'empire.
Le sort bientôt détrompait leur orgueil,
Toutes passaient de son lit au cercueil.

Du grand-visir Shérazade était fille;
C'était l'amour d'une illustre famille;
Elle parlait, dit-on, comme on écrit,

Comme Lockman elle eût fait un récit,
Et son courage égalait son esprit.
La vanité, qui fit tant de victimes,
Dans ce cœur pur n'avait point habité ;
Seule, on la vit ignorer sa beauté;
Un noble espoir, des désirs légitimes,
Dans le danger écartant la terreur,
Contre la mort avaient armé son cœur.
Elle disait : « Eh ! qu'importe ma vie ?
» Il faut sauver mon sexe condamné,
» Rendre à l'empire un règne fortuné.
» Si Shérazade, en son espoir trahie,
» Doit succomber, du moins par son malheur
» Elle s'assure un immortel honneur. »
Elle va donc, d'une esclave suivie,
S'offrir au choix du monarque surpris.
Le soir venu, de la belle sultane
Le voile tombe, et le jaloux épris,
De cette loi qui déjà la condamne,
Au fond du cœur sent bien quelques regrets ;

Avec transport il contemple ses traits :
Mais tant d'appas ne l'eussent point sauvée;
L'affreuse loi devait être observée;
Il l'a juré. Shérazade pourtant,
D'un ton soumis, à son royal amant,
A demandé que pour faveur dernière
Sa sœur du moins puisse auprès de son lit
Passer encor cette fatale nuit;
Et Schahriar l'accorde à sa prière.
La jeune fille, avec elle d'accord,
Pour appeler la sultane endormie,
N'attendra pas que de ses portes d'or
Dans l'orient l'Aurore soit sortie.
Morphée encor de ses voiles épais
Couvre le monde, et tout dort au palais,
Quand Dinazarde à cette sœur chérie
Parle en ces mots : « Avant que de mourir,
» Redites-nous, ma sœur, je vous supplie,
» Quelque beau conte orné par la féerie;
» Le roi sans doute y prendra du plaisir. »

Par cette ruse innocente et permise,
On fait au prince écouter un récit,
Où de la belle il voit avec surprise
Se déployer et la grâce et l'esprit ;
Puis, tout à coup : « L'aube vient de renaître,
» Dit Shérazade, elle nous avertit
» Que de mes jours le dernier va paraître ;
» Il faut finir, il faut.... Adieu, seigneur,
» Vivez heureux ! » Touché de sa douceur,
Mais plus encor séduit par l'éloquence,
Le roi consent d'éloigner sa vengeance.
L'heure l'appelle au soin de ses états,
Vers son conseil il doit porter ses pas ;
Mais il permet que jusqu'à l'autre aurore
Sa femme vive ; il veut l'entendre encore.
Le jour suivant, des contes du matin
Le cours reprend ; Schahriar qui l'écoute
Remet encor l'arrêt au lendemain.
Notre sultan conçoit enfin un doute ;
Il craint d'avoir, par sa juste rigueur,

Lui-même, hélas! prononcé son malheur.

De jour en jour ce jaloux inflexible,

Ému, troublé, s'étonne d'être amant;

Il est heureux, il redevient sensible.

Et, par degré, Shérazade jugeant

L'heureux effet d'un débit éloquent,

Dans ses regards que le plaisir anime

Voit s'annoncer le pardon qu'elle attend;

Il tombe enfin aux pieds de sa victime :

« Régnez, dit-il, sur l'empire et sur moi;

» A votre sexe ai-je pu faire outrage?

» Ah! pardonnez, oubliez cette loi,

» Que je révoque en détestant ma rage.

» Non, non, le ciel est juste en sa faveur;

» Non, cet esprit, cette grâce touchante,

» Ne cachent point un cœur faux et trompeur. »

Disant ces mots, à la belle éloquente,

Le fier sultan a présenté sa main,

Et du palais elle sort triomphante.

De mille cris l'air retentit soudain;

Partout les cœurs s'ouvrent à l'espérance ;

De Schahriar on bénit la clémence ;

Et son empire, en retrouvant la paix,

De la sultane adore les bienfaits.

FIN DE LA TROISIÈME ÉPITRE.

CONSEILS

A UNE FEMME,

SUR LES MOYENS DE PLAIRE

DANS LA CONVERSATION.

QUATRIÈME ÉPITRE.

Que prosternés devant l'antiquité,
Maint écrivain dans sa prose fleurie,
A nos dépens exalte son génie,
Vante ses mœurs et son urbanité;
Vantons plutôt les mœurs de ma patrie;
L'antiquité ne valait pas nos temps.
Ces fiers Romains et ces Grecs éloquents,
Dans le Forum ou dans l'Académie,
Vivaient entr'eux; les femmes cependant,

3

Loin de leurs yeux, en esclaves soumises
Faisaient tourner le fuseau vigilant,
Filaient pour eux, et n'étaient point admises
A ces festins, où dans les coupes d'or
Ovide, Horace et l'élégant Tibulle,
Avec les vins du fastueux Luculle,
Buvaient l'oubli des caprices du sort.
Bacchus lui seul inspirait leur ivresse;
De leurs banquets mon sexe rejeté
N'y joignit point la grâce à la gaîté.
Oui, ce beau temps de l'antique sagesse,
Fier de ses arts et de ses peuples rois,
N'a point connu l'aimable politesse
De nos Français, si galants, si courtois;
Oui, l'art heureux dont j'ai tracé les lois
Veut être appris dans les murs de Lutèce.

Combien de fois nos guerriers voyageurs,
Par la victoire exilés de la France,
Ont regretté ce charme de nos mœurs!
Combien de fois, durant leur longue absence,

Vers la patrie il rappela leurs cœurs!

Dans l'Orient, qu'ils ont connu naguères,

Dans l'Orient, cent peuples amollis, (1

Toujours bercés par les mêmes récits,

Par les erreurs que chérissaient leurs pères,

Donnent encor la palme au narrateur ;

Comme autrefois leur génie est conteur :

Les traits légers d'un dialogue aimable

Auraient pour eux peu de charme et de prix,

Et l'homme oisif s'y repaît de la fable

Qui vient placer dans un monde inventé

Ce vieil enfant, las de la vérité.

Ainsi que vous, de la douce féerie,

Je lus, j'aimai les rêves enchanteurs;

Mais, croyez-moi, relisons ces auteurs,

Et n'allons point converser en Syrie,

Dans un harem, d'où l'aisance est bannie,

Aux lieux où l'homme est esclave et tyran,

Tremble à la cour, fait chez lui le sultan.

Pour vous chercher ne quittons point la France,
                                        3..

Doux entretiens animés par l'esprit,
Où le plaisir naît de la confiance,
Où le cœur parle, où la gaîté sourit.

Toujours diserts, comme en nos premiers âges,
De nos aïeux nous gardons les usages :
Vous le savez, ces bons et vieux Gaulois,
Se délassaient de leurs nombreux exploits
Par les douceurs d'un entretien facile ;
De cent combats les glorieux récits
Dans le repos occupaient leurs esprits ;
César le dit, César fut homme habile,
Et je puis bien vous citer ses écrits.
Mais c'est par nous que la France polie,
Obtint le prix dans l'art de converser ;
Qu'un peuple heureux, qui sut plaire et penser,
Aux lois du goût asservit son génie.

Dans les beaux jours de la chevalerie,
Où le Français, quittant la barbarie,
Connut enfin la douce urbanité,
Du paladin, mon sexe respecté,

Pour les combats sut former son courage,

Et son esprit pour la société.

Auprès de nous admis dès le jeune âge,

C'est de nos mains qu'il reçut à la fois

Et sa devise et sa brillante armure ;

Et quand ces preux, en sortant du tournois,

Des jeux de Mars dépouillaient la parure,

Fiers, mais soumis, ils écoutaient la voix

D'une beauté, jeune, modeste et sage ;

Ils apprenaient à polir leur langage ;

A faire aimer, dans leurs simples discours,

La foi, l'honneur, la gloire et les amours.

Si pour venger le trône et la patrie,

Au cri de guerre ils quittent leur amie ;

Dans son manoir, assemblant ses vassaux,

La noble dame, à cette cour champêtre,

Disait alors les prouesses du maître,

Et ses récits, de châteaux en châteaux,

Allaient former le goût et les héros.

Oui, de ce temps la naïve éloquence (a

Fut notre ouvrage, et partout la beauté
Fit ressentir son heureuse influence.

On parle mieux lorsqu'on est écouté
Par une belle au regard doux et tendre;
Pour la toucher on devient éloquent,
L'esprit s'éclaire aux feux du sentiment,
Et sait dicter quand le cœur doit entendre.

Siècle où Louis cherchant tous les succès,
Fut conquérant, chevalier et français,
Et fit revivre au sein de ma patrie
Les carrousels et la galanterie;
Vous avez vu dans sa brillante cour,
Séjour vanté des arts et du génie,
Régner encor les femmes et l'amour.

Dans cette cour en prodiges féconde,
Le même jour sur la scène du monde (3
Fit admirer Montespan, Maintenon,
Caylus, Villard, et Coulange, et Ninon.
D'un mot naïf, l'aimable La Fayette,
Jugeant le monde ou peignant ses amis,

Auteur charmant, et femme plus parfaite,
Cachait son nom en montrant ses écrits.
Près d'elle encore une femme immortelle,
Seul écrivain qui n'eut point de rivaux,
S'ouvrait sans guide une route nouvelle ;
De ses récits animant les tableaux,
Parlait sans art, charmait sans y prétendre.
En la lisant, on croit encor l'entendre :
Et Sévigné, sans vouloir être auteur,
Atteint la gloire en épanchant son cœur.
Dans ces beaux noms que rappelle ma muse,
Puis-je oublier et du Maine, et La Suze,
La Sablière, et la vive Launai,
Des mœurs du temps, peintre éloquent et vrai ?
Plus près de nous, du Deffant, Lespinasse, (4
A leurs genoux voyaient nos beaux esprits
Chercher l'éloge ou disputer le prix,
Et dans leurs rangs s'assuraient une place.
C'était alors que des cercles choisis,
Par le plaisir rassemblés dans Paris,

Tenaient du goût la séduisante école;

C'était alors que brillant et frivole,

Laissant en paix ses ministres, ses rois,

Étudiant l'usage et non les lois,

Ce peuple aimable, en son humeur légère,

Pour un bon mot bravait l'homme en crédit;

Une chanson le vengeait d'un édit ;

Tout allait bien : alors la grande affaire

Était pour tous de parler et de plaire.

Mais nous touchions au temps de nos malheurs;

Un mot changea notre esprit et nos mœurs.

Ce mot fatal retentit dans la France.....

Bientôt la sombre et triste liberté

Vint tout détruire en parlant d'espérance.

Plus de plaisir, de paix ni de gaîté;

L'esprit surtout gênait l'égalité;

Il fut suspect : en cercles politiques

On transforma nos salons attristés;

Tout retentit des discordes publiques.

Sur d'autres bords nos bannis rejetés

Y transportaient les dieux de la patrie,
L'Urbanité, les Muses, les Talents,
Proscrits comme eux par d'absurdes tyrans.

Mais je m'arrête; à votre ame attendrie,
De nos douleurs j'épargne le récit.
Des jours brillants en effacent l'image :
Ainsi le ciel, qu'épure un long orage,
De feux plus doux rayonne et s'embellit.
Partout des arts la troupe se rallie,
Et le Français, à sa gaîté chérie,
Déjà revient en bénissant les dieux ;
Déjà les cœurs sont rendus à la gloire,
Le goût renaît, et le couplet joyeux
Vient se mêler à nos chants de victoire.

Un seul abus reste encore à guérir;
Laissons aux dieux du vin et de la table
Fixer l'instant d'un entretien aimable ;
Que les soupers ramènent le plaisir ;
Pour remplacer leur facile élégance,
On n'a trouvé que le luxe et l'apprêt;

3.

Nos longs dîners valent-ils ce banquet

Où s'asseyaient l'Enjouement et l'Aisance ?

Chaque convive, au moins dix jours d'avance,

A s'ennuyer invité par billet,

Arrive tard. Trompant son espérance,

Une heure encor le signal du repas

Se fait attendre ; on murmure tout bas ;

La faim s'éveille et l'esprit est stérile.

On dîne enfin, et le cercle glacé

Péniblement vers la table défile.

Par le hasard, ou bien, ou mal placé,

Chacun s'y presse, et dévore en silence ;

On cause peu : l'estomac fatigué

D'un long service où tout est prodigué,

Sur le cerveau n'a que trop d'influence.

Si du dessert, l'agréable repos

Vient pour un temps animer les propos,

Ce temps est court : la bruyante cohue,

Dans le salon rentrée en dissertant,

Paraît à peine, et, presqu'au même instant

Des conviés la troupe diminue.

L'un, que rappelle une affaire imprévue,

S'est éclipsé; l'autre paisiblement

Dort en un coin; l'autre bâille et digère;

L'autre aux Français court venger du parterre

Un pauvre auteur qu'on siffle impunément.

Près du foyer, un groupe solitaire

Demeure encor, disserte savamment

Sur le crédit, sur la hausse ou la baisse,

Et du logis vous voyez la maîtresse,

Témoin muet, regretter en son cœur

L'heureux banquet où Lafare et Voltaire,

Dans les refrains d'un couplet enchanteur

Vantaient le vin et célébraient Glycère,

Où la beauté trouvait un auditeur.

Lorsque le Soir, voilé d'ombres légères,

Nous ramenait Comus et la Gaîté;

Lorsque l'esprit quittait en liberté

Les soins du jour et l'ennui des affaires;

Dans des salons, où d'un lustre brillant

L'éclat, doublé par la glace fidelle,
Prêtait aux nuits une clarté nouvelle;
Tout rappelait à ce repas charmant.
D'un vin mousseux l'inspirante fumée
Vers le cerveau s'élevait par degré;
Et de Moka la liqueur embaumée
Doublait encor son effet assuré :
Alors, Zélis, un dialogue aimable,
A chaque instant plus vif et plus pressé,
Et s'animait, et parcourait la table.
Un trait heureux à peine était lancé,
Par mille traits il était repoussé.
L'impôt, la guerre et la nouvelle actrice,
Le ministère et les abus de cour,
La tragédie ou le roman du jour,
Et de la mode un bizarre caprice,
Jugés, absous, sans espoir de retour,
Au tribunal paraissaient tour à tour.
Le ridicule éveillait la satire,
Et l'épigramme au tour ingénieux,

En circulant dans le cercle joyeux,
Du sage même obtenait un sourire.

A ces soupers mon enfance autrefois,
Du vrai bon ton étudiant les lois,
Venait chercher et choisir ses modèles :
C'est sur les pas de ces guides fidèles,
C'était alors, que préludant mes vers
Je recueillais ces préceptes divers.
Là j'écoutais cet éloquent poète,
Qui s'arrachant à sa douce retraite
Venait du Pinde, où règnent ses écrits,
Se reposer en un cercle d'amis,
Et qui, chargé de lauriers et d'hommages,
Daignait encor sourire à nos suffrages.
Il paraissait : un murmure flatteur
Nous annonçait le moderne Virgile;
Bientôt muet, tout le cercle immobile
En l'admirant devenait auditeur.
Si de son luth les fécondes merveilles
Ont fait sa gloire et celle de nos jours;

Si le génie éternise ses veilles,

Le Dieu du goût enchante ses discours.

Voyez-le orner l'anecdote piquante !

De mille traits l'étincelle brillante,

Comme en ses vers, éclate en son débit;

De chaque objet chaque mot est l'image;

Toujours poète, il peint tout à l'esprit,

Et sa mémoire en vain nous dit son âge....

  Mais, qu'ai-je appris ? Quand j'ose à mes essais

Mêler son nom et crayonner ses traits,

Il va chanter : ce poète lui-même,

D'un art charmant qu'il embellit, qu'il aime,

Va dans ses vers dévoiler les secrets.

Mon Apollon, mon maître prend sa lyre :

Pour l'écouter, je me tais et j'admire.

Ma faible main, vous prêtant ses secours,

Vous conduisit jusqu'aux portes du temple;

Recueillez-y ses vers et ses discours,

Et recevez le précepte et l'exemple.

FIN DE LA QUATRIÈME ÉPITRE.

NOTES

DES ÉPITRES.

PREMIÈRE ÉPITRE.

1) PAGE 7.

L E sujet de l'art de converser a fourni à plusieurs
prosateurs français des morceaux détachés; mademoiselle de Scudéry, le chevalier de Méré, Mont-
crif, le duc de Nivernois et quelques autres, ont
parlé de l'esprit de société et de conversation, ou
des moyens d'y plaire : les versificateurs s'en sont
moins souvent occupés, et n'en ont fait, dans leurs
poésies, que l'objet de courts tableaux épisodiques.
Le seul ouvrage de quelque importance que nous
ayons sur ce sujet, est la traduction ou l'imitation,
en vers français, d'un poëme latin intitulé : *Ars
confabulandi* (du P. Tarillon, jésuite) ; cette
traduction, publiée en 1742 par un de ses confrères

(le P. Janvier), est écrite d'une manière sèche, froide et dépourvue de grâces. Elle fut suivie, en 1757, par un second *Art de Converser*, poëme en quatre chants, qui parut comme une production nouvelle, sous le nom de M. Cadot, mais qui n'était autre chose que l'ouvrage du P. Janvier, dont vingt vers seulement avaient été changés.

Les étrangers n'ont pas négligé ce sujet; Stilling-Fleet a donné, en anglais, un petit poëme en un chant, sous le titre d'*Essai on Conversation*, qui est estimé de sa nation; Clémente Bondi a écrit en italien un autre poëme d'un chant, également intitulé : *le Conversazioni*; mais on sait que ce mot, dans sa langue, signifie *assemblée*; et en effet il n'a songé qu'à faire une revue d'un salon d'assemblée, une galerie de portraits, qu'il termine par un morceau tout-à-fait épisodique, sur les charmes de la campagne; il emploie à peine six pages à parcourir les sujets de conversation traités par ces acteurs, qu'il a successivement peints avant de les mettre en scène. Tantôt ses portraits s'arrêtent aux manières et à l'extérieur de ses personnages; tantôt c'est leur ca-

ractère qu'il cherche à développer. La coquette, la
femme savante, le bavard, le contradicteur, le phi-
losophe, etc., paraissent à leur tour dans ce tableau ;
les peintures sont longues, moins frappées que soi-
gnées, et remplies de détails minutieux, mais qui
aident à l'effet : ce sont des miniatures pointillées.
Du reste, pas un précepte, rien qui appartienne à
l'art de converser.

L'ouvrage latin que j'ai déjà cité est dans le genre
opposé, et tout-à-fait didactique. Dans l'*Ars
confabulandi* du P. Tarillon, le geste, la voix,
la pureté de l'élocution, le soin de varier ses tons
et ses sujets selon l'âge, les habitudes, etc., des in-
terlocuteurs, sont successivement l'objet des leçons
du poète ; quelques portraits courts, mais bien des-
sinés, accompagnent les préceptes.

Le poëme de Stilling-Fleet s'éloigne des deux autres par le style et par le dessin. Le ton en est, en
général, très philosophique ; c'est moins un traité
de la conversation, qu'un examen de la société ; c'est
une revue des différents caractères, mêlée à des conseils sur la conduite qu'on doit tenir dans le monde,

plus que sur la manière de parler; ou plutôt Stilling
Fleet confond ces deux objets, ce qui ôte l'ensemble
à son poëme, d'ailleurs bien pensé et écrit avec élégance. Des préceptes et des portraits assez courts
composent cet ouvrage; le peu de morceaux épisodiques que l'auteur y ajoute est absolument étranger au sujet.

2) PAGE 12, VERS 2.

De Maintenon vous connaissez l'histoire.

Madame de Maintenon possédait au plus haut degré l'esprit de conversation. L'anecdote du souper,
citée plus bas, est très connue, et en serait une
preuve; on en trouve une autre, qui n'est pas moins
irrécusable, dans les Souvenirs de madame de Caylus, sa nièce, et dans plusieurs mémoires du temps.
Le roi, jaloux du plaisir que madame de Montespan
trouvait à l'écouter, avait exigé qu'elle ne parlât plus
le soir à madame Scarron lorsqu'il serait sorti de
l'appartement : celle-ci, étonnée de ne pouvoir plus
obtenir que des oui ou des non très secs, finit par

deviner la cause de ce laconisme, et par se lever, en disant : « Ah ! je le vois, c'est un sacrifice. » Madame de Montespan l'avoua, et la conversation qui suivit cet aveu n'en fut que plus vive et plus animée ; l'attrait de cette conversation l'emporta sur la promesse faite à l'amant et au roi.

3) PAGE 14, VERS 2.

Le vieillard seul, des hauteurs de la vie
Voit l'horizon sans voile et sans vapeur.

Stilling-Fleet a dit aussi :

For, as upon Life's hill we upwards press,
Our views will be obstructed less and less.

mais il ne l'a pas appliqué de même.

4) PAGE 15, VERS 1.

De cet attrait si l'heureuse puissance
A pu jadis, du fer d'un assassin
Sauver l'aimable et jeune Desgarcin.

Mademoiselle Desgarcin, qui a paru au théâtre Français d'une manière très brillante, quelques années

avant la révolution, devait en grande partie ses succès à un organe heureux , et dont la sensibilité rappelait celui de mademoiselle Gaussin. Cette jeune
actrice étant avec des amis dans une maison de campagne, à quelques lieues de Paris , y fut surprise par
des voleurs au milieu de la nuit ; on essaya de se défendre, et cette malheureuse tentative allait coûter
la vie à mademoiselle Desgarcin et à ses compa-
gnons, lorsqu'elle obtint par ses prières leur grâce
et la sienne. Le chef de ces voleurs parut ému dès
qu'elle parla, et se retourna vers ceux qui le suivaient,
en disant : « Cette femme a une voix qui me décon-
» certe. »

DEUXIÈME ÉPITRE.

1) PAGE 22, VERS 7.

L'esprit, Zélis, ressemble à la lumière.

Il y a ici, et plus bas, différents passages imités

de Stilling-Fleet ; ils sont renfermés dans la tirade
suivante de l'auteur anglais :

> The rays of wit gild wheresoe' er they strike ,
> But are not therefore fit for all alike ,
> They charm the lively , but the grave offend ,
> And raise a foe as often as a friend ;
> Like the resistless beams of blazing light ,
> That cheer the strong , and pain the weakly sight.
> If a bright fancy therefore be your share,
> Let judment Watch it with a guardian's care;
> 'Tis like a torrent apt to overflow ,
> Unless by constant government kept low;
> And ne'er inefficacious passes by ,
> But overturns or gladdens all that's nigh.
> Or else , like trees , when suffer'd wild to shoot ,
> That put forth much , but all unripen'd fruit , etc.

2) P A G E 27, V E R S 6.

> A ce guerrier, compagnon des héros,
> Citez les faits de ses antiques guerres;
> Et du marin, aux rives étrangères,
> Suivez encor la course et les travaux.

Le P. Tarillon donne bien plus de développement
à cette idée :

> . . . . . . Cum militibus , cum bella professis
> Miles erat ; castra et pugnas ; illustria bello

Facta renarrabat memorans. Occurreret indè
Navita ; continuò mutatà fronte marinos
Audisses casus referentem , heu! perfida ponti
Æquora ; tum malos , antennas , vela , rudentes,
Atque polum , atque undas , inimicaque sidera nautis
Garriret rerum gnarus , raperetque loquendo
Attonitas mentes. etc.

3) PAGE 27, VERS 10.

Pour la jeunesse ordonnez une fête. . . . .
Que le vieillard , dans vos sages propos,
Aime à trouver l'éloge du repos. . . ..

Ici encore , j'ai fort abrégé le poète latin ; il me semble que dans les conseils qu'il donne , il porte jusqu'à la flatterie le soin et le désir de plaire.

. . . . . Si senior , dicteria prisca referto,
Præteritos laudato annos , assurge sedenti.
Verba facit? Pende intentus dicentis ab ore.
Ingreditur? Crudam , viridemque extolle senectam
Admirans : levibus capitur gens optima curis.
  Hoc primùm : sin te juvenum circumstetit ardens
Turba; mihi subitò personam pone senilem,
Importuna tuo decedant seria vultu ;
Sint alacres oculi, sint labra natantia risu
Ingenuo; ludos, choreas , convivia , cantus,
Omnia læta refer : juvenes læta omnia læti
Semper amant; tristes odère , odère severos.

4) PAGE 29, VERS 15.

Laissez Néris, ou l'insipide Hortense,
Sous son orgueil cachant sa nullité,
Nous fatiguer de ce *moi* répété.

Ce court portrait est le seul passage où je me sois
rapprochée de Clémente Bondi, auteur du poëme
des *Conversazioni*, dont il est parlé dans la première note. J'ai imité quelques vers seulement de la
description du personnage qu'il nomme l'*Io*, le
moi, et auquel il a consacré une très longue tirade.

5) PAGE 33, VERS 12.

Rappelez-vous qu'Ève, belle et modeste,
Lorsqu'à sa table un messager céleste, ...
Entretenait le premier des humains,
S'éloignait d'eux, allait sous le bocage. ...

Ces vers rappellent un passage de Milton, que le
lecteur retrouvera ici avec plaisir :

So spake our sir, and by his coun! nance seem'd
Entring on studious thoughts abstruse; which Eve
Perceiving, where she sat retir'd in sight,
With lowliness majestic from her seat
And grace that won who saw to wish her stay,
Rose, and went forth among her fruits and flowers,
To visit how they prosper'd, bud and bloom,
Her nursery.   (MILTON, chant VIII.

NOTES

ÉPITRE TROISIÈME.

1) PAGE 36, VERS 8.

Tel d'un banquet l'Amphitrion prudent
Observe tout, et de chaque convive
Sait ranimer l'appétit indolent.

Sic amplæ cenæ comis pater, arte magistrâ
Convivas tenet; ac primis cum denique sentit
Expugnasse famem dapibus, nova fercula curat
Supponi, stomachum rursus quæ vellere lassum,
Quæque famem possint et edendi reddere amorem.

(TARILLON, *Ars Confabulandi.*)

2) PAGE 39, VERS 3.

Ce voyageur, éternelle gazette
De cent pays dont on a tout cité,
Pour mon malheur vient de visiter Rome.

Magnæ si moenia Romæ
Visa semel, sermone omni tibi Roma sonabit,
Ne dubita; flavus Tyberis, capitolia, thermæ,
Amphiteatra, arcus, nullo poscente recurrent.

(TARILLON, *Ars Confabulandi.*)

3) PAGE 40, VERS 2.

Ainsi l'enfant que notre art veut guérir,
Reçoit le suc des plantes salutaires
Qu'un soin prudent à ses yeux a célé, etc.

Imitation de la comparaison du Tasse, Ier. chant :

Cosi a l'egro fanciul porgiamo aspersi
Di soave licor gli orli del vaso :
Succhi amari ingannato intanto ei beve,
E da l'inganno suo vita riceve.

4) PAGE 40, VERS 6.

Aux riches bords où Samarcande étale
A l'œil surpris sa pompe orientale.

On trouvera peut-être qu'en choisissant pour épisode le début des *Mille et une Nuits,* j'ai un peu trop pris à la lettre ces vers de La Fontaine :

Si Peau-d'Ane m'était conté
J'y prendrais un plaisir extrême.

mais des amis m'ont persuadée que lorsque le fait contenu dans l'épisode devait fournir à l'auteur une espèce de preuve, la fiction la plus vieille, et ainsi la plus consacrée, était préférable, parce qu'elle prenait en quelque sorte l'autorité de l'histoire ; leur opinion a entraîné la mienne : c'est au lecteur à la juger.

4

QUATRIÈME ÉPITRE.

1) PAGE 51, VERS 3.

Dans l'Orient cent peuples amollis,
Toujours bercés par les mêmes récits, etc.

La plupart des peuples de l'Orient, les Arabes surtout, justifient encore ce qu'on en dit dans ces vers. On peut s'en convaincre en lisant le passage suivant du voyage de M. Denon, dont les remarques sur les mœurs sont dictées par un esprit d'observation aussi juste que délicat. « Les Arabes ont
» conservé pour les contes la même passion que
» nous leur connaissons depuis le sultan Schahriar
» des *Mille et une Nuits*.... Si leurs histoires ne
» sont pas riches de détails vrais et sentimentals,
» mérite qui semble appartenir particulièrement aux
narrateurs du Nord, elles abondent en événe-
» ments extraordinaires, en situations fortes, pro-
» duites par des passions toujours exaltées : les enlè-
» vements, les châteaux, les grilles, les poignards,
» les scènes nocturnes, les méprises, les trahisons,
» tout ce qui embrouille une histoire, et paraît en

» rendre le dénouement impossible, est employé par
» ces conteurs avec la plus grande hardiesse, et ce-
» pendant l'histoire finit toujours très naturellement,
» et de la manière la plus claire et la plus satisfai-
» sante. Voilà le mérite de l'inventeur : il reste en-
» core au conteur celui de la précision et de la dé-
» clamation, auxquelles les auditeurs mettent beau-
» coup de prix. Aussi arrive-t-il que la même histoire
» est faite consécutivement par plusieurs narrateurs
» devant les mêmes auditeurs, avec un égal intérêt
» et un égal succès ; l'un aura mieux traité et déclamé
» la partie sensible et amoureuse, un autre aura
» mieux rendu les combats et les effets terribles,
» un troisième aura fait rire ; enfin c'est leur spec-
» tacle : et, comme chez nous, on va au théâtre une
» fois pour la pièce, d'autres fois pour le jeu des
» acteurs, les répétitions ne les fatiguent point. etc.»

2) PAGE 53, VERS 20.

Oui, de ce temps la naïve éloquence
Fut notre ouvrage, et partout la beauté
Fit ressentir son heureuse influence.

Ce qu'on a dit plus haut de l'espèce d'éducation

4..

que les chevaliers recevaient près des femmes, de l'influence qu'elles exerçaient sur l'esprit de la nation, et en particulier sur l'esprit de conversation, est un extrait fidèle des auteurs du temps. Agnès Sorel, et plusieurs princesses, furent citées comme des modèles dont les hommes étaient loin d'approcher. Elles avaient les mêmes succès dans le genre de la narration : la cour, les villes étant moins habitées, on occupait la vie tranquille et les longues veillées des châteaux, par des récits d'aventures chevaleresques ou d'histoires amoureuses, la plupart du temps racontées par des femmes. Les premiers, les meilleurs fabliaux dans notre langue, furent recueillis près d'elles par les trouvères et troubadours, dont elles protégèrent la société errante; et la reine de Navarre nous a laissé dans son recueil une preuve de la facilité et du talent que son sexe montrait alors dans ce genre.

3) PAGE 54, VERS 16.

Le même jour, sur la scène du monde,
Fit admirer Montespan, Maintenon, etc.

Madame de Montespan, et toute la famille des

Mortemart, était connue par un esprit vif, fécond
en réparties et en traits brillants. Les autres femmes
citées dans les vers qui suivent se faisaient remar-
quer parmi les plus aimables et les plus spirituelles
de la cour de Louis XIV ; et quoique la plupart se
soit fait un nom par des ouvrages (mesdames de
Sévigné, La Fayette, La Suze ; mademoiselle de
Launai, depuis madame de Staal), ce n'est pas
comme auteurs qu'on les rappelle ici ; c'est parce
que le charme de leur conversation était égal à celui de leur style. Madame de La Sablière, amie de
La Fontaine, et dans la maison de laquelle se réu-
nissait une partie des hommes célèbres de son temps ;
madame de Caylus, auteur des *Souvenirs*, nièce de
madame de Maintenon, et formée par elle ; madame de Coulanges, dont l'abbé Gobelin, son con-
fesseur, disait : « Chaque péché de cette dame est
» une épigramme ; » quoique moins connues que les
autres, méritaient bien de trouver place auprès
d'elles.

4) PAGE 55, VERS 15.

Plus près de nous, du Deffant, Lespinasse,
A leurs genoux voyaient nos beaux esprits
Chercher l'éloge ou disputer le prix.

C'était peut-être là l'occasion d'observer que le genre de conversation établi sous le règne de Louis XIV avait dégénéré d'une manière sensible à l'époque où madame du Deffant tenait chez elle un bureau d'esprit ; qu'on mettait alors trop de prétention à penser pour parler avec la même grâce, avec le même naturel : mais la pédanterie et l'affectation, qui gâtaient le ton de ces sociétés savantes et littéraires n'avaient pas influé sur le ton général de la bonne compagnie de Paris ; et d'ailleurs une dissertation de ce genre me paraissait bien froide et bien sèche pour la placer dans des vers. J'ai cité mesdames du Deffant et Lespinasse comme des femmes qui exerçaient, par leurs jugements, une espèce d'empire sur l'opinion et sur les auteurs du temps : c'était là mon seul objet.

POÉSIES FUGITIVES.

ÉPITRES.

EPITRES.

ÉPITRE

A M. HOUDON,

EN RECEVANT MON BUSTE.

Enfin, je l'ai reçu, ce gage
D'un sentiment dont mon cœur est jaloux.
Houdon, ce n'est pas moi, c'est vous
Que j'aime à retrouver dans ce charmant ouvrage.
Il n'est point au dessous de votre heureux talent :
Vous n'avez peint que les traits d'un enfant (1);
Mais cet enfant et sourit et respire;
Sans doute il va parler, et chanter sur sa lyre
Ce qu'a dicté pour vous son cœur reconnaissant.

---

(1) L'auteur n'avait que huit ans lorsque M. Houdon commença son buste, qui ne fut achevé que quelques années après.

4...

Une amante autrefois traça, dit-on, l'image
De l'objet adoré que suivaient ses regrets ;
La Peinture naquit, et ses premiers essais
Furent de la douleur le remède et l'ouvrage.
De l'amour, l'amitié partage les succès,

    Et la vôtre me les rappelle ;
Absente, votre main achevait mon portrait,
    Et le souvenir de l'objet,
Présent à votre cœur, remplaçait le modèle.

    Des Phidias, des Praxitèle,
    Rival plutôt qu'imitateur,
Le feu de leur génie à leur art donna l'être ;
    Si leur siècle vous eût vu naître,
    Vous en seriez le créateur.

L'origine des arts, toujours céleste et pure,
Fut partout un bienfait de la Divinité :
    L'Amour inventa la peinture ;
    L'art immortel de la sculpture

Fut, aux rives du Nil, pour les dieux inventé.

Il s'étendit depuis jusqu'à la Phénicie ;

Inachus chez les Grecs l'apporta de l'Asie ;

Il en fit admirer les premiers monuments ;

Ils furent surpassés : c'est dans cet heureux temps

C'est alors qu'Alcamène, et depuis Athenée,

Que Phidias surtout, de la Grèce étonnée

Sur des marbres vivants attirèrent les yeux.

 Fière de partager leur gloire,

 Elle accordait à leur mémoire

 Les honneurs qu'on ne rend qu'aux dieux.

A leur ciseau, ces dieux durent leur existence ,

 Et les héros leur immortalité ;

Sur la terre, des dieux il fixait la présence ,

 Et celle des héros dans la postérité.

Ce triomphe est encor votre brillant partage :

Diane, Wasingthon, tant d'autres monuments,

 Portant votre nom d'âge en âge,

Diront à l'univers vos succès, vos talents.
Par eux du temps qui fuit vous méprisez l'outrage ;
Il ne peut du génie atteindre les enfants.

Du sein de Pompéïa, dont la lave fumante
    Gouvrit si long-temps les débris,
    Voyez cent chefs-d'œuvre sortis
Attester de ces temps la gloire encor vivante.

    Dans le cours des siècles pressés
    Sur leurs ruines héroïques,
    Si quelques modèles antiques
    Se sont lentement effacés ;
Leur renommée encor vit parmi les ruines :
    On a vu les muses divines,
    Des arts relevant les autels,
    Porter leurs flambeaux immortels
    Sur la silencieuse arène
Où dorment les débris de Memphis et d'Athène,
    Réparer envers eux l'injure du destin ;

Et graver, sur de nobles pages,
Et le nom de l'artiste, et celui des ouvrages
Que le temps a frappés d'une impuissante main.

Ainsi, quand l'heureuse Lutèce,
A son tour tombera sur le sol attristé;
Quand l'oubli couvrira sa gloire et sa richesse;
Quand cette orgueilleuse cité
Ne sera qu'une immense plaine;
Si, près des rives de la Seine,
L'étranger exhumant nos temples, nos palais,
Revient interroger la cendre des Français;
Vous revivrez encor dans les nobles vestiges
Qui doivent de nos jours révéler les prodiges;
Et l'artiste, inspiré par les œuvres d'Houdon,
A nos échos muets répétera son nom.

EPITRE

A MLLE. ADINE D***.,

QUI ME DEMANDAIT DES CONSEILS SUR LA MANIÈRE
DE FAIRE LES VERS.

QUAND vous marchez sur les bords du Permesse,
D'un pied timide et d'un pas chancelant,
Faut-il déjà mentir en débutant ?
Sans m'abuser, votre éloge me blesse.
Ma vieille muse est encore un enfant :
Dans cette lice, où combat notre adresse,
Tremblante, hélas ! et faible comme vous,
Je n'ai de plus que le seul droit d'aînesse,
Et c'est un droit (je le dis entre nous),
Dont notre sexe est toujours peu jaloux.

Ainsi que vous, jeune et charmante Adine,
Presqu'en naissant je bégayai des vers ;

Je m'instruisis par mes essais divers.

Le goût enfin, à ma muse badine,

Montra les lois que je ne suivais pas;

Je fus alors plus sage et plus timide;

Moins j'eus besoin de conseils et de guide,

Et plus j'appris à craindre les faux pas.

Tant qu'ont duré les beaux jours de l'enfance,

J'osai tout dire, et sans règle et sans art;

Le sentiment m'obtenait l'indulgence;

On applaudit mes rimes de hasard.

Cet âge d'or, seul heureux de la vie,

Ne connaît point la triste vanité,

Ni ses détours, sa fausse modestie;

Désir de plaire, et non d'être vanté,

Conduit la plume, et tient lieu de génie;

Le cœur inspire un vers sans harmonie;

Mais son langage est toujours écouté.

Oui, je le veux, suivez, ma jeune amie,

D'un art charmant la carrière fleurie ;

Mais fuyez bien le chemin redouté,

L'étroit sentier de la célébrité.

Vous êtes femme, et vous êtes jolie,

C'est bien assez pour éveiller l'envie ;

Vous allez être en butte à ses noirceurs :

Soyez modeste, et surtout soyez bonne ;

Cachez l'esprit, pour qu'on vous le pardonne ;

Étudiez l'art de gagner les cœurs.

Retenez bien, Adine, qu'en ce monde,

Le don fameux de se faire applaudir

Ote au repos ce qu'il donne au plaisir :

L'heureux talent, la science profonde,

C'est d'être aimée, et d'en savoir jouir.

ÉPITRE

A MA BELLE-MÈRE.

Tandis qu'ici je m'occupe de vous,

Et vous écris, seule dans ma retraite,

Vous possédez l'ami que je regrette.

L'heureux Lisis, dans un moment si doux,

D'un mauvais coche et d'une triste route

A promptement perdu le souvenir ;

Déjà placé, votre cercle l'écoute :

Dans des récits, qu'il fait avec plaisir ,

Au coin du feu, prolongeant vos soirées ,

Il voit couler ces heures désirées

Que me refuse un destin ennemi.

Que n'ai-je place en ce cercle chéri !

Au coin du feu je conterais aussi.

Là, de mon fils les grandes aventures ,

Les heureux faits, les prouesses futures ,

Viendraient fournir matière à nos discours ;

Et, sous nos yeux développant leur cours ,

L'illusion peindrait les destinées

De ce bambin, dont Lachésis encor

Sur des fuseaux chargés de laine ou d'or ,

N'a point filé les premières journées.

Dans ce babil couleraient nos moments ;
Car l'incertain, l'avenir, sont un thême
Que tout esprit favorise et qu'il aime.
Les sots humains, pour se venger du temps,
Qui sans retard et sans pitié les guide,
Prenant encore un chemin plus rapide,
Dans leurs projets devancent chaque instant.

Nous faisons bien, je l'avoûrai pourtant,
Quand le chagrin, quand l'ennui nous domine,
Et c'est ainsi que votre Philippine
Trompe le temps, en peignant le plaisir
Que près de vous lui garde l'avenir.

Dans quelques mois, fidèle à mes promesses,
Vous me verrez, avec un nom plus doux,
Le nom de mère, accourir près de vous,
De l'amitié réclamer les caresses,
Et Lisis même en deviendra jaloux.

De cet heureux et paisible voyage

Sans nul regret s'écouleront les jours ;
Vous n'aurez point à plaindre mon veuvage,
Et maintenant vous calculez son cours.
Oui, quoiqu'entr'eux la peine se partage,
Vous savez bien que des absents toujours,
Celui qui souffre est celui qu'on délaisse.
L'un affaiblit, en changeant de climats,
Les souvenirs attachés à ses pas ;
De nouveaux lieux dissipent sa tristesse ;
Dans son esprit, en passant, chaque objet
Vient déposer une trace nouvelle ;
Et le cœur même, à sa douleur fidelle,
Souffre bien moins, quand l'esprit est distrait.
Mais l'autre ami..... tout accroît sa souffrance
Pour l'affliger tout revit dans l'absence ;
Il voit partout l'image des plaisirs ;
De ce qu'il perd il voit partout la trace,
Et le Regret, enfant des Souvenirs,
Vient près de lui s'asseoir à chaque place.

Sur ce tableau j'entends, je crois, ma sœur

Vous observer, avec un ton railleur,

Que de l'amour je fais ici l'histoire ;

Que l'amitié sur un ton plus discret,

Sait dans l'absence exprimer le regret :

Soit ; à vous seuls je permets de le croire ;

Mais, pour Lisis, gardez-bien mon secret.

Maître d'un cœur où règne son image,

L'homme bientôt, fatigué d'être heureux,

Cherche l'objet qui fuit devant ses vœux,

Et son désir, inconstant et peu sage,

Si par le doute il n'est plus agité,

S'endort au sein de la félicité.

De cet amour faisons donc un mystère,

Et que Lisis, en silence adoré,

Bien plus heureux qu'un époux sûr de plaire,

Soit un amant chaque jour préféré.

ÉPITRE.

RÉPONSE AUX VERS DE M. LEBRUN,

INTITULÉS:

MON DERNIER MOT SUR LES FEMMES POÈTES (1).

Quand Le Brun, dans ses vers heureux,
De toute femme auteur condamnant la manie,
Déplora la triste folie
Qui faisait d'une belle un poète ennuyeux;
Dans l'antique mythologie,
Cherchant quelques appuis à son droit incertain,
A côté de Psyché, des Grâces,
Aux femmes désormais il désigna leurs places.
Mais, dans l'Olympe féminin,
Je vois les neuf sœurs, qu'il oublie,

---

(1) Cette pièce, qui a déjà paru dans plusieurs journaux, a été imprimée sans mon aveu, et j'ai cru pouvoir la remettre à sa place dans ce recueil, dont elle devait faire partie.

La Beauté, les Talents, mêlant leurs attributs,

    Et la ceinture de Vénus

    Près de la lyre d'Uranie.

Au Pinde, comme ailleurs, les hommes sont jaloux.

Il faut partout céder, et borner tous nos goûts

A briguer de leur choix la gloire passagère.

Ils savent que l'esprit peut défendre le cœur.....

    Ainsi, d'un adroit adversaire,

    Le langage, toujours menteur,

Ne vante en nous que l'art et d'aimer et de plaire;

    Et ce serait une ruse de guerre,

    Si ce n'était une ruse d'auteur.

    O Muses! des talents aimables

    Versez le charme sur nos jours;

Bannissez loin de nous des dieux plus redoutables;

J'implore vos présents bien moins que vos secours.

Dérobez à l'Amour la douce rêverie

Qui remplit des beaux ans les dangereux loisirs;

D'un cœur né pour aimer soyez les seuls plaisirs,
Et trompez-le du moins sur l'emploi de la vie.

Ah! lorsque de leurs dons nous comblant à la fois
    La beauté, l'heureuse jeunesse,
Appellent des plaisirs la dangereuse ivresse,
Souvent de la raison nous négligeons la voix.
Ne parlez pas alors et d'étude et de gloire;
Elle offrirait en vain ses brillantes faveurs :
Songe-t-on au moyen d'occuper la mémoire,
Si l'on peut d'un regard occuper tous les cœurs?
A de si vains succès quand l'âge enfin s'oppose,
Quand la gloire à nos yeux offre un nouvel attrait;
Toute femme en soupire, et place avec regret
Les lauriers sur un front où se fane la rose.
    Par l'ordre d'un destin jaloux
La beauté détrônée a perdu sa puissance;
Mais l'esprit peut encor d'un empire aussi doux
    Lui rendre l'heureuse espérance,
    Et l'Hypocrêne alors pour nous

Est la fontaine de Jouvence.

Toujours humbles dans nos projets,
N'allons point, en muses hardies,
Disputer aux mâles génies
Les chants de gloire, et les vastes sujets :
Mais, du moins, mon sexe réclame
Les sujets simples et touchants;
Qui peut mieux parler qu'une femme
Le langage des sentiments?
Leur plume, tour à tour et sensible et légère,
Sut immortaliser Corinne et Deshoulière :
Du Pinde, leur domaine, osez les rappeler !....
Semblable à ces peuples barbares,
Qui de leurs paradis bizarres
Voulaient, dit-on, nous exiler.
Le zèle ardent qui vous enflamme
Au même sort nous asservit;
On peut bien contester une ame
A qui l'on refuse l'esprit.

O siècles de chevalerie,
Siècles d'amour et de vertus,
Que toute femme un peu jolie
Regrette en son ame attendrie,
Et qu'en France on ne verra plus;
Qui de Mars, soumis à Vénus,
Nous retraçaient l'allégorie!
Alors, inspirant les héros,
De leurs combats, de leurs travaux,
Nos regards étaient le salaire;
A ceux qui commandaient par le droit de la guerre,
Nous commandions par droit d'amour.
Règne aimable, heureux temps, disparu sans retour!
Mon sexe est soumis à son tour.

Mais, contre un arrêt tyrannique,
De l'empire lettré nous invoquons les lois;
Et l'on sait que toujours l'égalité des droits
Fut celle de sa république.
Auteurs, vous ne permettrez pas

5

Qu'un réformateur *monarchique*,

De ce gouvernement, changeant la forme antique,

Introduise dans vos états

Les abus de *la loi salique.*

EPITRE

A DEUX EXILÉS (1).

De ce château, solitude profonde,

Où tous mes jours s'écoulent loin du monde,

Sans plaisirs vifs, mais du moins sans ennuis,

Aimable Edmond, c'est à vous que j'écris.

Si d'un ami toujours sûr et fidelle,

Je vais chercher l'entretien séducteur,

Si j'ai recours aux avis d'un censeur,

Je nomme Edmond, et vers lui tout rappelle

Et mon esprit, et ma muse, et mon cœur.

Je crois vous suivre au sein de la retraite,

---

(1) Par suite des décrets du 18 fructidor an V.

Où, retenu par un destin jaloux,

Du sort esclave, et maître encor de vous,

D'un œil serein vous voyez la tempête.

Là, profitant d'un tranquille loisir,

Dans les sentiers de la philosophie

Vous dirigez votre course anoblie ;

Vous y cherchez la gloire et le plaisir :

Là, méditant des sages du portique

Et la morale, et les doctes écrits,

Vous discutez le doute académique ;

Le stoïcisme élève vos esprits ;

Vous pratiquez ce qu'il prêchait jadis.

Et cependant la douce confiance,

De vos revers charmant le souvenir,

Peignant en beau le douteux avenir,

Vient dans votre ame éveiller l'espérance,

Et répéter : « S'il est quelques ingrats,

» Le genre humain vous juge, et ne l'est pas. »

Combien de fois, combattant ces systêmes,

5..

Je vous disais : l'ingrate humanité

De qui la sert doit trahir la bonté ;

Dieu, de son trône entendit ses blasphêmes ;

N'espérez pas de prix à vos bienfaits.

Vous m'écoutiez sans me croire jamais.

Le cœur humain, que vous voulez connaître,

Que vous croyez avoir connu, peut-être,

Vous a souvent dérobé ses replis :

Tous les mortels vous semblaient des amis ;

Pour les juger, ame innocente et pure,

Vous les pariez, ces mortels dangereux,

Des mêmes dons que vous fit la nature,

Et c'est vous seul que vous aimiez en eux.

Ainsi l'enfant, placé sur le rivage

D'une eau limpide, appelle et tend les bras

A son aimable et souriante image ;

Il s'aime en elle, et ne se connaît pas.

Heureux encore, au sein de vos disgrâces,

Laissez, Edmond, un peuple d'insensés ;

Un ami vrai vous reste, et c'est assez.

Dans cet exil il a suivi vos traces,

Et sa pitié, ses soins doux et constants,

Pour mépriser la fortune infidelle,

Vont vous prêter une force nouvelle :

Du compagnon de vos plus jeunes ans,

Vos doux plaisirs, vos jeux, vos sentiments,

Furent connus, et cet heureux partage,

Qui du bonheur embellit les instants,

D'un sort jaloux sait désarmer la rage.

Ainsi l'on voit deux ormeaux élevés,

Sous un beau ciel ensemble cultivés,

Qui, près du cours d'une onde toujours pure,

Vont inclinant leurs rameaux enlacés ;

Dans le même air par les vents balancés ;

Au même sol puisant leur nourriture ;

Par l'aquilon soulevés, obscurcis,

Les flots, un jour, inondant leur rivage,

D'un noir limon couvrent ces bords fleuris ;

L'onde, assiégeant les deux arbres unis,

Brise leur pied, et le vent leur feuillage ;
Sans se quitter ils courbent leurs rameaux :
D'un doux appui les forces mutuelles
Vont protéger leurs tiges fraternelles
Contre l'effort et des vents et des flots.

Jouissez bien d'une union si rare,
Et du passé perdez le souvenir.
De la patrie on ose vous bannir ;
Mais, rejeté loin d'un pays barbare,
Des champs heureux sous vos pas vont s'ouvrir (1).
Si quelquefois vous repassez l'histoire
Des tristes jours qui causent nos regrets,
Votre vertu n'en craint point la mémoire ;
Heureux vaincu, vous jouissez en paix
Des mêmes fruits qu'eût donnés la victoire :
Quels sont les biens que vous auraient acquis
Tant de travaux ? le repos et la gloire ?

_____

(1) Les bords du lac de N.... en Suisse.

D'un noble exil tous deux seront le prix.

De l'amitié j'ai parlé le langage,
Et la raison, avec elle d'accord,
Veut, cher Edmond, que je vous offre encor
De vos destins une fidèle image.

Long-temps perdu dans un désert sauvage,
Du haut des monts, un triste voyageur
Voyait de loin un vallon enchanteur.
De toute part, lui fermant le passage,
D'affreux rochers épouvantent ses yeux:
Mais tout à coup, du vaste front des cieux,
La foudre part, embrase le nuage,
Frappe le mont, et de ces rocs brisés
Entraîne au loin les débris dispersés:
En frémissant le voyageur s'arrête......
Bientôt, Edmond, il bénit la tempête:
Dans le rocher, par la foudre entr'ouvert,
Devant ses pas un chemin s'est offert:

Il l'a suivi ; déjà loin du ravage
En peu d'instants il atteint ce rivage,
Ce beau vallon et cet asyle heureux,
Que poursuivaient et sa marche et ses vœux.

Ainsi du Ciel la propice colère
N'a fait pour vous que devancer les temps,
Et vous porter au but de la carrière
Où vous marchiez par des chemins plus lents.

ÉLÉGIES.

ÉLÉGIES.

ÉLÉGIE Ire.

Illius ad tumulum fugiam, supplexque sedebo,
Et mea cum muto fata queror cinere.

(TIBULLE.)

INSPIRÈ-MOI des chants funèbres,
Muse, qui parmi les ténèbres
Fais retentir au loin tes longs gémissements ;
Et jusqu'à la tombe d'un père,
D'une fille qui lui fut chère
Porte les douloureux accents.

A ce nom, qu'en vain je prononce,
Un affreux silence m'annonce
Que ces lieux désormais sont un désert pour moi :
De l'écho, que ma voix réveille,
Il revient frapper mon oreille,
Qui ne l'entend qu'avec effroi.

Il n'est plus, cet heureux génie,

Dont mon enfance enorgueillie

Dans son illusion crut partager le sort;

Et, perdant son flambeau céleste,

Je marche à la clarté funeste

Des pâles torches de la Mort.

En vain mon ame consternée

Réclame de la destinée

Le bonheur qu'à ses vœux promettait l'avenir :

Comme l'objet voilé par l'ombre

Échappe à l'œil dans la nuit sombre,

Je l'aurai vu s'évanouir.

O félicité mensongère !

Ta jouissance passagère

Par autant de regrets ajoute à mon malheur :

Ainsi la lumière perfide

De l'éclair brillant et rapide,

Des ténèbres accroît l'horreur

Comme un passager qu'on oublie,

Quand ses amis vers la patrie

Hâtent déjà leur marche, et revolent joyeux;

De mon exil sur cette terre

Je compte les jours sans mon père,

Je pleure, et regarde les cieux.

C'est là que son ame épurée,

Du haut de la voûte éthérée,

Des enfants qu'elle aima contemple le séjour :

Tristes esclaves de la vie,

Faudra-t-il qu'elle nous oublie ?

Nous fûmes son premier amour.....

Non, aux sentiments purs comme elle,

Dieu lui permet d'être fidelle,

De conserver par eux des regrets, des désirs ;

Et, sur l'aile de la pensée,

Visitant la terre abaissée,

D'y chercher d'heureux souvenirs.

Douce et bienfaisante espérance,

Viens me tromper sur son absence,

Viens consoler mes jours, livrés à la douleur.

Mon père veille sur ma vie,

Il suit mes pas, et son génie

Préside encore à mon bonheur.

D'écueils partout environnée,

Sans effroi de ma destinée,

De mon céleste appui j'attendrai les bienfaits ;

Oui, mon cœur, plein de sa présence,

Peut renaître à la confiance,

Et du sort défier les traits.

Tel, voguant sur des mers trompeuses,

Au milieu des nuits orageuses,

Le nocher, par les vents égaré loin du bord,

Se livre à des astres propices,

Qui, l'écartant des précipices,

Le ramènent bientôt au port.

ÉLÉGIE II (1).

Et gaudio dixi : quid decepisti me ?
(ECCLESIASTE.)

Triste fleur, que la destinée
Livre à la fureur des autans,
Par le ciel déjà condamnée,
L'espérance pour moi s'enfuit avant le temps.
Le flambeau de mes jours n'a brillé qu'à l'aurore :
Mon bonheur fut semblable aux fruits que fait éclore
Le premier rayon du printemps,
Et qu'un souffle ennemi bientôt frappe et dévore.

Je m'asseyais en hôte confiant
Au triste banquet de la vie;
Tranquille, j'y croyais savourer lentement
De la félicité la céleste ambroisie;

(1) Ces vers ont été écrits pendant le règne de la terreur.

Avant-courrière du malheur,
Une faveur précipitée
M'offrait cette coupe enchantée.....
Et, lorsque de ses bords j'approche avec ardeur ,
Elle fuit de ma bouche avide :
A peine, hélas ! comme un éclair rapide,
J'ai goûté le parfum de sa douce liqueur.

Ah ! si de la race mortelle
Le sort rempli d'orage a quelques heureux jours,
Quelle divinité cruelle
Au temps de mon enfance en a marqué le cours ?
A goûter le bonheur l'adversité prépare ;
Mais, lorsqu'elle vient sur ses pas,
C'est un maître dur et barbare
Qui châtie, et qui n'instruit pas.

ÉLÉGIE III.

LA SOEUR D'UN EXILÉ AU PREMIER CONSUL,

EN 1800 (1).

> Di patriæ indigetes.....
> Hunc saltem everso juvenem succurrere sæclo
> Ne prohibete !   (VIRG., *Georg.*, liv. I.)

UN joug affreux pesait sur ma triste patrie ;
Pour la seconde fois j'ai vu la tyrannie
Des arts et de la paix dévaster le séjour ;
J'ai vu ce peuple encore, oubliant son courage,
Accepter à genoux les lois de l'esclavage,
Et par des maîtres vils enchaîné sans retour.

A peine quelquefois le bruit de la victoire
Vient réveiller l'orgueil de ces premiers succès,

(1) Cette pièce de vers fut faite entre le premier et le deuxième décret sur le rappel des déportés. Le premier avait laissé subsister quelques exceptions.

Dont notre abaissement nous ôta la mémoire :
L'orgueil même s'éteint , et notre antique gloire
S'exile dans les camps , et fuit le sol français.

De nos tyrans d'abord la clémence trompeuse
Proscrit de la terreur l'infâme souvenir ;
Le despotisme adroit, pour mieux nous asservir,
Dans sa marche à la fois rapide et tortueuse ,
S'avance au même but par de nouveaux chemins,
Et les liens de fer sont cachés dans ses mains :
Il semble faire grâce en consommant le crime,
Et sans l'ensanglanter immole sa victime.

O forfait ! rejetés sur d'effroyables bords (1),
Les chefs des sénateurs, espoir de la patrie ,
D'un zèle courageux expîront les efforts.
En quittant le rivage ils ont quitté la vie ;
Mais ces infortunés, pour accomplir leur sort,
Par de longues douleurs achèteront la mort.

(1) L'exil de Sinamary.

Quand le *triumvirat*, que l'esclavage encense,
Proclame sans pudeur sa perfide clémence,
Sous un ciel homicide ils tombent dévorés,
Et la terre complice achève par degrés
    Cette affreuse et lente vengeance.

Tout sert, tout est soumis : le Français en silence,
Au pied de ses autels traînant des fers honteux,
N'offre à la liberté que des pleurs ou des vœux.
    Aux campagnes de la Syrie
Il porte en gémissant un regard douloureux,
Et, cherchant son héros, d'avance lui confie
Des destins de l'état le dépôt dangereux.

Peuple, bénis le ciel, renais à l'espérance !
Frémissez, vils soutiens d'un pouvoir oppresseur !
    Le génie heureux de la France
Ramène ce héros, et son nom protecteur,
Avant d'être pour nous le gage du bonheur,
    Est celui de la confiance.

Le chemin s'aplanit sous son char triomphant ;
Son bras va de nos droits protéger la conquête,
   Et l'affermit en un instant.
Déjà victorieux lui-même nous arrête :
L'état n'a plus de maître, il n'a plus d'ennemis ;
Il vient, non pour forger, mais pour briser des chaînes.
De l'Ouest enflammé calmant les vastes plaines (2),
La paix va consoler ces peuples réunis ;
Pour la première fois un vainqueur la rappelle,
Et la paix est encor sa conquête nouvelle.
Tout se ranime enfin sous de plus justes lois,
S'il est encor des maux, notre espoir les oublie.
Des lévites déjà la tribu se rallie (2),
Va dans le temple saint, qui se rouvre à sa voix,
Bénir son bienfaiteur, et la reconnaissance
Peut confier sa dette à la toute-puissance.

Chaque aurore nouvelle amène un plus beau jour.

---

(1) Pacification de la Vendée.
(2) Décret concernant le rappel des prêtres et le culte.

J'entends autour de moi les cris de l'allégresse

D'un père, d'un époux annoncer le retour :

C'en est fait, plus d'exil : leur famille s'empresse,

Et répand sur leurs pas les larmes de l'amour.

Mais je demande un frère ; on garde le silence.

Quoi, leur sort fut le même, et mon frère aujourd'hui

A vu s'ouvrir pour eux et se fermer pour lui

     La barrière de l'espérance !

     Déjà l'attente du bonheur

L'appelait vers la France et vers sa sœur chérie ;

La menace l'arrête au seuil de la patrie,

Et, loin de ses foyers, l'exil et la douleur

Vont encore flétrir et consumer sa vie.

Chargé même d'un crime, il l'aurait expié

     Par mes regrets, par sa souffrance ;

Et, ce que l'équité refuse à l'innocence,

Coupable, il l'obtiendrait de la seule pitié.

Pour sécher tant de pleurs, épuisez la clémence,

Au pouvoir le plus grand elle sert de soutien :

Dût-on même franchir la borne légitime,

Il est beau de passer les limites du bien.

Mais puis-je craindre encor ? un héros magnanime
Du malheur sous nos pas a refermé l'abîme,
Il n'arrêtera point le cours de ses bienfaits.
Mon frère reverra sa sœur et sa patrie ;
J'oublîrai mes douleurs dans une heureuse paix ;
Je ne porterai plus le regard de l'envie
Sur ceux qu'un juste arrêt vient de rendre à la vie ;
Et ma voix désormais louant leur bienfaiteur,
    Redira comme eux à notre âge :
« Sa jeunesse, d'un siècle a consommé l'ouvrage ;
» L'empire voit en lui son chef, son défenseur ;
» Il lui devait sa gloire, il lui doit son bonheur. »

ÉLÉGIE IV.

SUR LA MORT D'UN ENFANT DE SEPT MOIS.

*Non vidit solem, neque cognovit distantiam
boni et mali.*   (ECCLESIASTE.)

DIEU de bonté qui me l'aviez donnée,

De vos bienfaits ai-je donc vu la fin ?
Sur son berceau sa mère infortunée
Pleure déjà cette fleur d'un matin.

Quoi, je te perds, quoi ta course est remplie !
A peine un jour avait marqué ton sort
Entre les pleurs que me coûte ta mort
Et les douleurs que m'a coûté ta vie.

Mais, dois-je encore écouter mes regrets ?
D'un meilleur monde immortelle héritière,
Tu t'affranchis au seuil de ta carrière ;
Mon deuil commence, et déjà tu renais.

En rejetant la coupe de la vie,
De ce séjour tu détournas les yeux ;
Ton esprit pur, impatient des cieux,
Redemanda sa divine patrie.

Mourir enfant, c'est tromper le malheur,
C'est échapper à l'humaine faiblesse :

Le frais bouton qui sèche avant la fleur,
De ses parfums conserve la richesse.

ÉLÉGIE V.

LA RÊVERIE DU SOIR.

.... Ah! scorron preste, e, rada
Scorse tornano ancor l'ore felici!
(C. BONDI.)

Quand du soir le calme imposant
Nous invite à la rêverie,
Je vais, d'un pas tranquille et lent,
Suivre les bords de la prairie.
Là, du passé m'entretenant,
Dans les souvenirs de ma vie
J'aime à retrouver chaque jour.
Hélas! je les vois tour à tour
Ternis par la mélancolie;
Perdus dans des rêves d'amour,
Et d'amitié souvent trahie.

Combien de ces jours consumés
Par des projets en vain formés,
Et par une attente déçue !
Combien surtout dont la terreur,
Frappant mon ame trop émue,
La ramène vers sa douleur !
Je détourne en tremblant la vue
De ces temps livrés au malheur.

Ainsi, quelques mois d'espérance,
Quelques heures de jouissance,
Plutôt que de félicité,
Dans son cours souvent agité,
Voilà ce qu'offre à ma mémoire
La plus belle part de mes jours :
D'un être heureux voilà l'histoire !
Ah ! pour recommencer leurs cours,
Si le dieu qui seul en dispose
M'offrait de ranimer la rose
De la jeunesse et du plaisir,
Quand ma jeunesse va s'enfuir ;

Heureux instants de mon aurore,
S'il fallait vous payer encore
Par tant de pleurs que j'ai versés,
Tant de regrets mal effacés ;
Oui, je le sens, oui, sans courage,
Mon esprit alors s'égarant,
Des maux ne verrait que l'image,
Et s'enfuirait vers le néant.

   Quel homme n'en ferait autant ?
Quel insensé, si le voyage
Lui promet pour seul avantage
De passer peu d'heures en paix
Dans un frais et beau paysage ;
Franchira d'immenses déserts,
Et bravera pendant l'orage
L'océan et ses flots amers ?
Telle est pourtant, telle est la vie
L'amour est le seul enchanteur
Qui, bien qu'on le sache trompeur,
Avec elle réconcilie :

Pour aimer encore une fois
On reviendrait, même à la peine ;
Pour aimer encor, de sa chaîne
L'esclave reprendrait le poids.

ÉLÉGIE VI.

LES JARDINS DE R.....

A ELISA D'H....

Quà pinus ingens, albaque populus,
Umbram hospitalem consociare amant
Ramis, et obliquo laborat
Lympha fugax trepidare rivo.....
(HORACE.)

Vous voulez que mes vers vous peignent l'hermitage
Où je vais à loisir, sous mes jeunes berceaux,
Jouir de l'avenir par des projets nouveaux,
Jouir des jours passés en voyant mon ouvrage.
Un sourire d'Élize eut payé mes essais ;
Mais comment à vos yeux retracer ce bocage,

6..

Asyle que mes soins, sans art et sans apprêts,
Parent modestement de fraîcheur et d'ombrage?
Rien n'y frappe et n'étonne, et ses plus doux tableaux
En plaisant au regard échappent aux pinceaux.
C'est un jardin naissant qui s'embellit encore :
Ainsi quand l'horizon, au lever de l'aurore,
De ses premiers rayons est à peine éclairé,
L'œil saisit mal l'objet faiblement coloré.
Mais sa nouveauté même est un autre avantage,
Enfant, il a du moins les grâces de son âge ;
Ces sentiers négligés semblent suivre au hasard
Les contours qu'a tracés le rêveur solitaire ;
Ces jeunes arbrisseaux viennent de toute part
Se pencher et se peindre au sein d'une onde claire ;
Cette onde en liberté fuit au gré de son cours,
Ou sillonne ses bords par de légers détours.
Dans mon champêtre enclos la nature trop nue
Reçoit avec réserve un éclat emprunté :
Tel un voile léger suffit à la beauté,
Et l'orne, sans oser la cacher à la vue.

Ces jeunes maronniers, dont les bras vigoureux
Sur un étroit chemin se courbent en portique,
Vont diriger mes pas vers le manoir antique
    Qui de loin s'y cache à nos yeux.
Ce manoir féodal, édifice gothique,
Et d'inégales tours flanqué bizarrement,
Nous dérobe un réduit simple, mais élégant;
Et ce contraste, Élize, est un effet magique
Qui l'embellit encor par un art innocent.
Ainsi, lorsque Robert sous le masque effrayant
    De la vieille et tremblante Urgèle,
    Découvrit un minois charmant,
L'adroite fée encore, aux yeux de son amant
    Parut plus aimable et plus belle.

Au penchant d'un coteau mon asyle est placé.
Un vaste amphithéâtre autour de lui tracé
Se termine à des monts, dont les cimes brunies
Arrêtent mes regards, perdus dans le lointain;
Et le vallon enferme en son riche bassin

Des villes, des hameaux les beautés réunies.

Ce spectacle d'abord paraît noble et pompeux,

Mais de sa pompe même il fatigue les yeux.

Sous l'abri des bosquets, dans la simple prairie,

On fuit, on va chercher la douce rêverie

Que nourrit le silence en des lieux plus déserts.

Ce tableau, dont l'ensemble avait lassé la vue,

Change en se divisant, et ses aspects divers,

Au détour d'un bosquet, au bout d'une avenue,

Tantôt sont devinés, et tantôt découverts.

Ici c'est le clocher d'un rustique hermitage,

Plus loin de l'humble ferme on distingue les toits,

Et là, tout un hameau qui se montre à la fois

Vient désigner un but au sentier du bocage,

Et paraît couronné d'un dôme de feuillage.

Quelquefois un rameau, par mes soins écarté,

Laisse entrevoir au loin un vallon enchanté :

De légères vapeurs sur la terre abaissées

Y voilent les objets que poursuivent mes yeux,

Mais ce lieu moins connu rit plus à mes pensées,
Et d'un nouveau Tempé, visité par les Dieux,
J'y place, j'y décore une scène riante.
Ce vallon est pour moi le champ de l'avenir,
Ainsi, des biens douteux que l'espoir nous présente,
La beauté mensongère irrite le désir.

Venez, suivez mes pas dans mon modeste empire;
  Ses fleurs naissent pour vous parer,

  Et le plaisir de le montrer
  M'en fait trouver à le décrire.

Voyez se marier sur ce paisible bord
L'arbre de Babylone et le riant cytise;
L'un est fier de porter ses riches grappes d'or,
Et l'autre, offrant les traits de la douleur soumise,
  De ses longs et pâles rameaux
Caresse en se courbant l'humide sein des eaux.
Des pins et des larix la verte pyramide
Se mêle à ces bouleaux dans les airs élancés,

A l'écorce brillante, au feuillage timide,
Par le souffle des vents sans cesse balancés.
J'aime à voir ces enfants d'une terre étrangère
Oublier leur climat dans mon simple jardin,
Et, payant ses bienfaits, couvrir, parer le sein
    De cette rive hospitalière.

Parmi des peupliers élevés jusqu'aux cieux,
Un monument se cache aux regards des profanes;
Ma douleur ne craint point de paraître à vos yeux,
    Venez, Élize, et de ces lieux
    Avec moi révérez les mânes.
Hélas! même infortune a terni nos beaux ans!
    Et près de la tombe d'un père
J'ai compté comme vous les heures du printemps.
C'est ici que je viens d'une image si chère
    Nourrir ma pensée et mon cœur;
Elize, c'est ici que la mélancolie
Retrace à mon esprit ces instants de bonheur,
Ces instants où mon père embellissait ma vie :

Mon espoir fugitif et mes longues douleurs,
Ce lieu rappelle tout, et mon ame attendrie
Sous les glaces de l'âge y trouvera des pleurs.

Mais ces sombres pensers vous auront trop émue :
Que de riants objets consolent votre vue,
Et que l'aspect des champs ramène votre esprit
A ce calme enchanteur qui pour nous l'embellit.
  Allons au bord de la prairie
Épier le ruisseau, dont le paisible cours
Au sein d'un humble étang termine ses détours.
  Quelquefois son onde obscurcie
S'enfonce sous l'ombrage et s'y cache à nos yeux,
Et quelquefois, pressés sur sa rive fleurie,
L'aulne et les saules verts, de cette onde amoureux,
  La couvrent d'un dôme pompeux.

Dans les groupes divers de ce riant bocage,
Chaque arbuste est encor paré de sa vigueur;
De la destruction rien n'atteste l'outrage :

6...

Dans un autre tableau venez voir son image :
Qui de ces jeunes plants relève la fraîcheur.

Ce reste d'un vieux fort, étalant sa ruine
Sur un étroit vallon qu'il menace et domine,
Peut-être a vu jadis les félons chevaliers,
Des seigneurs du manoir farouches prisonniers,
Expier leurs méfaits dans de honteuses chaînes.
Cet arc, cette tourelle, ébranlés ou détruits ;
Ces ormeaux élevés, dont les cîmes hautaines
En s'agitant sur eux dispersent ces débris ;
Tout ici vient m'offrir une image importune
De la vieillesse en proie aux coups de la fortune.
Je m'éloigne en rêvant à la fuite des jours,
  Je maudis le rapide cours
Du temps, qui frappe l'homme et détruit son ouvrage !
Mais quel autre édifice, offert par le hasard,
Appelle ma pensée ainsi que mon regard ?
Dans ce temple sacré, quelle main prévoyante
A son dernier espoir ramène la douleur ?

J'y vois ces mots écrits : AU TEMPS CONSOLATEUR ,
Et je bénis alors sa course bienfaisante.
Si les traits du chagrin ont déchiré mon cœur,
Ce temple m'est ouvert, et j'y suis plus tranquille.
J'avais de mes regrets fatigué l'amitié ,
Le monde ne m'offrait qu'une pitié stérile ;
Là , je viens de Dieu même implorer la pitié :
A des pensers plus doux je me sens rappelée ;
Mes pleurs coulent encor, mais ils sont moins amers ,
Et l'espérance enfin , sortant des cieux ouverts ,
Guide vers le repos mon ame consolée.

Sous l'ombrage épaissi de ces peupliers verts ,
Il est temps d'arrêter votre course et mes vers ;
Ce lieu me plaît surtout, l'amitié le décore ,
  Et LE CHEMIN DES SOUVENIRS
  Est l'asyle où mon cœur l'honore.
Là , des jours écoulés je fixe les plaisirs ,
  Là , chaque tige révérée
Par le nom d'un ami doit être consacrée.

Puissé-je le peupler de souvenirs chéris !
Élize, il vous attend, et nos noms réunis
    Vont parer ce simple bocage.

Vous, que j'aimai toujours, vous, qui m'offrez l'image
Du fragile arbrisseau par les vents tourmenté,
    Courbé sur le triste rivage
Du torrent qui le bat de son flot irrité ;
Vous, à qui le destin dispensa sans mesure
    Et les vertus et les malheurs ;
Pour goûter les plaisirs que donne la nature,
Un instant, s'il se peut, oubliez vos douleurs.
Venez dans ce bosquet vous choisir une place ;
Venez d'un jour de paix y conserver la trace.
De cet arbre charmant à notre sort lié,
Que tous les dieux des champs favorisent l'ombrage,
Et que pour lui le ciel soit pur et sans orage,
    Comme le fut notre amitié.

ÉLÉGIES

IMITÉES DE L'ITALIEN.

Cerco parlando d'allentar mia pena.
(PETRARCA.)

ÉLÉGIE Ire. (1)

A PEINE un court sommeil avait fermé mes yeux,
Il a fui, je retrouve et mes maux et mes larmes,
Et l'Aurore déjà, remontant vers les cieux,
Amène un jour nouveau, m'annonce un jour d'alarmes.

Je vais, dans le calme des champs,
Nourrir de mes pensers la sombre inquiétude,

---

(1) J'ai puisé le fond de ces trois élégies dans les poésies d'une jeune Italienne que les chagrins d'une passion malheureuse enlevèrent aux lettres dans sa première jeunesse, et dont les ouvrages sont restés inédits.

Et pour souffrir en paix chercher la solitude.

Au penchant de ce mont battu par les autans,

Sous l'abri des rochers minés par des torrents,

    Je m'assieds, et sur la prairie

    Je jette un regard douloureux.

Que l'air est frais et pur ! De Flore rajeunie

    Les parfums embaument ces lieux,

Et des vents du matin l'haleine bienfaisante

Colore chaque fleur, ranime chaque plante.

Tout s'éveille et renaît : livrée à ma douleur,

Seule je viens troubler ce tableau du bonheur.

Un jour, j'étais heureuse, et dans ce même asyle

Je vins, je reposai mes regards satisfaits

Sur ces monts, sur ces bois, sur cet ombrage épais :

Rien n'a changé que moi ; la nature est tranquille,

Le ciel est aussi pur, le zéphyr aussi frais.

    Au sein de cette onde mobile,

  Que de fois mes regards se plurent à chercher

L'arbre qui s'y peignait, et l'ombre du rocher

    Qui domine ce beau rivage!

Aujourd'hui je frémis d'y trouver mon image.

    Ce front pâle, ces yeux en pleurs,

Dans ces cheveux épars ces guirlandes flétries....

Quoi! c'est donc là Zélis? Les nymphes des prairies

Ne la reverront plus, se couronnant de fleurs,

Mêler sa voix légère aux accords de sa lyre,

Et de l'amour heureux vanter le doux empire.

Ces lieux que je cherchais ont déchiré mon cœur:

J'y retrouve partout la trace du bonheur;

Malheureuse aujourd'hui, je m'y crois étrangère;

J'aime, une autre est aimée, et j'ai cessé de plaire....

Imprudente! et pourquoi vais-je, dans chaque objet,

Poursuivre un souvenir et chercher un regret?

Pourquoi, moi-même ainsi, du poison qui me tue

Alimenter le feu dans mon ame abattue?

Ne pourrai-je oublier tout ce que j'ai souffert,

Sous le poids de mes fers dois-je traîner ma vie?

Un asyle de paix ne m'est-il pas ouvert?
A la cour des neuf sœurs dès l'enfance accueillie,
Reprenons sous leurs yeux mes paisibles travaux,
Et disputons encor la palme à des rivaux.
Occupons mes instants, chassons la rêverie
Que par de vains regrets l'amour a trop nourrie.

Et vous, dont j'ai troublé le bonheur, le repos,
Vous, mes tristes amis, qui souffrez de mes maux,
Venez, Zélis bannit une importune image;
Elle renaît pour vous à l'espoir, à la paix;
Son cœur, ce cœur fidèle est à vous sans partage,
Et de l'amitié seule implore des bienfaits.
Donnez, donnez-la moi cette lyre sacrée,
Que j'ai long-temps chérie, et peut-être honorée;
Que mes pleurs, moins amers, coulent avec mes chants;
Ma voix, qu'éveilleront ses accords inspirants,
Va chanter les bienfaits de la muse immortelle
Qui vers les monts sacrés me guide et me rappelle;
Je dirai le pouvoir de l'art consolateur

Qui sait vaincre l'amour et chasser la douleur.
Le désir de la gloire échauffe encor mon ame,
J'y sens brûler encor cette divine flamme
Qui des fils de Phébus inspire les écrits.
Écoutez-moi, je veux, oui, je veux, mes amis,
Que l'infidèle Idas sache que je l'oublie,
Qu'il entende mes chants répétés, applaudis,
Qu'il pleure, qu'il regrette en son ame attendrie
L'éclat que nos amours répandaient sur sa vie,
Qu'aux pieds de ma rivale il porte ses ennuis....

Vains projets! cependant je brûle, je languis,
Et mes doigts, sur ma lyre errants à l'aventure,
N'en peuvent obtenir qu'un triste et long murmure.
Du repos! sans Idas en est-il pour Zélis?
Dépit d'un seul instant, qu'un autre instant abjure,
Vous m'ordonnez de fuir, vous entraînez mes pas,
Je fuis en gémissant, et je meurs loin d'Idas.

Que ne puis-je le voir au lever de l'aurore;

Suivre du moins ses pas jusqu'au déclin du jour,
Être encore abusée, et recevoir encore
Un serment, un baiser, froid et triste retour
Que la pitié donnait au défaut de l'amour!

ÉLÉGIE II.

J'AI connu de l'amour tout ce qu'il a de charmes;
Ses doutes, ses transports, son espoir et ses pleurs;
J'ai caché mes désirs, j'ai caché mes douleurs,
J'ai passé mille fois de la joie aux alarmes :
J'ai connu cette ivresse et ce trouble des sens
Qui nous la font goûter en consumant la vie,
État, où l'avenir, où le passé s'oublie,
Où l'ame sur un point rassemble tous les temps.
Vains songes ! vous fuyez. La triste jalousie
A desséché ce cœur trop sensible à ses maux,
Et j'ai perdu l'amour sans trouver le repos.

D'une félicité qui m'est trop tôt ravie
Si du moins dans la paix j'avais compté les jours....

Mais, d'un trouble secret sans cesse poursuivie,
La triste défiance empoisonna leur cours.
Jamais à mes transports je ne me suis livrée,
Je taisais cet amour dont j'étais enivrée,
J'osais à peine aimer; je doutais de sa foi:
Aujourd'hui seulement qu'il ne sent rien pour moi
Je répète en pleurant : « J'ai cessé d'être aimée. »
Oui, même en y cédant, je le croyais menteur
Ce regard, cet accent par qui je fus charmée;
Lorsqu'il séduit une autre et qu'il fait mon malheur,
Je cesse de douter, et crois qu'il part du cœur.

Elle jouit pourtant, cette femme imprudente,
Elle est tranquille, heureuse, et ne redoute pas
De trouver inconstants ceux qu'elle a fait ingrats.
Quoi! même l'avenir n'a rien qui l'épouvante?
Sans trouble sur mon front elle lit mes regrets?
    Un vain souvenir me tourmente,
    Et le remords la laisse en paix !
Du sort qui me trahit la faveur inconstante

Peut la tromper encor… Mais, que fais-je, et pourquoi
Rappeler ces pensers où ma douleur s'exhale?
Jours privés de l'espoir, jours passés dans l'effroi,
Tristes jours d'abandon, voilà donc votre emploi?
Je parle de mes maux, de lui, de ma rivale,
Et j'ai dit que l'amour n'était plus rien pour moi!

ÉLÉGIE III.

Quand tu viens de trahir les serments les plus saints
Pourquoi feindre et vouloir m'épargner des alarmes?
    Crains-tu de voir couler mes larmes?
    Est-ce un reproche que tu crains?
Penses-tu qu'à Zélis il échappe un murmure?
Que par de vains éclats j'atteste ton parjure?
Idas, rassure-toi; si j'ai pu sans mourir
Te voir aimer Naïs, la chercher et me fuir,
Je puis cacher mes pleurs, paraître heureuse encore,
Et dérober aux yeux le trait qui me dévore.

Peut-on feindre l'amour? peux-tu tromper Zélis?

Non, ne répète plus cette épreuve cruelle;
Au retour mensonger d'un amant infidèle
     J'eusse préféré ses mépris.

Ah! que cette pitié, qui vers moi le ramène,
Cache mal le désir qui l'agite et l'entraîne!
Qu'elle ajoute à mes maux, et que mon cœur blessé
D'un entier abandon serait moins offensé!

Déjà depuis long-temps, à mes chagrins livrée,
Je vivais sans le voir, languissante, éplorée,
Dans ces lieux que jadis embellissait Idas,
Seule, je prolongeais une pénible veille;
Il revient, il m'appelle, et le bruit de ses pas
Retentit dans mon cœur, vient frapper mon oreille....
Mais j'écoute sans joie et j'attends sans espoir,
C'est l'amant de Naïs que mes yeux vont revoir.

Assis auprès de moi, cet accent doux et tendre,
Que sa voix à mon cœur a trop su faire entendre,
Semblait l'interroger comme aux jours du bonheur;

Je voulais lui parler, et tremblante, incertaine,
Ne pouvant qu'écouter, je répondais à peine;
Je feignais de sourire et cachais ma douleur.
Hélas! plus que jamais séparés par la feinte,
Nous nous trompions tous deux! ma rougeur, ma contrainte
Le trouble de ses yeux, qui par les miens surpris
Cherchaient à dérober leurs regards attendris;
Tout, des temps écoulés me retraçant l'image,
Tout, à mes sens émus vint rappeler le jour
De mon premier aveu, de mon premier amour:
Par un tourment nouveau je voyais tour à tour
L'amant qui me fut cher, et l'amant qui m'outrage,
Celui qui loin de moi porte aujourd'hui ses pas,
Et celui dont l'amour fit ma gloire passée....
D'un cœur trop faible encor il plaignit les combats,
Sa main chercha ma main, et sur son sein pressée
Un baiser... mais bientôt, m'arrachant de ses bras,
Pour le pleurer en paix je m'éloignai d'Idas.

Oui, c'en est fait, un court délire

Nous sépare à jamais et rompt des nœuds si doux :

Le temps peut sur Idas me rendre mon empire,

Mais non ce calme heureux qui fuit un cœur jaloux.

De ces premiers instants, où mon ame ravie

En connaissant l'amour crut commencer la vie,

Je ne goûterai plus ni le doux abandon,

Ni la paix confiante et l'aveugle espérance,

Plus de repos pour moi : je connus le soupçon,

De l'ingrat que j'aimais j'éprouvai l'inconstance;

Je n'attends plus d'espoir, et n'ai plus d'avenir.

De nos beaux jours passés garder le souvenir,

Les pleurer loin de lui, les pleurer en silence,

Tel est mon sort... eh bien, je saurai le remplir.

D'un bonheur que je perds ne m'offre plus l'image,

Idas, à nos liens c'est un second outrage;

Va porter tous tes vœux aux genoux de Naïs,

Et ne profane point l'amour que tu trahis.

IMITATIONS

ÉLÉGIAQUES.

IMITATIONS

ÉLÉGIAQUES.

LE COLLÉGE D'ÉTON (1).

Salut, monts de Windsor, noir séjour des orages!
Salut, lointains clochers! Vous, fertiles rivages,
Où la fière Tamise en de vastes détours,
De ses flots argentés va suspendre le cours,
Offrez-moi de vos bois l'ombre majestueuse.
Je viens chercher l'asyle où mon enfance heureuse

---

(1) Cette pièce est imitée en partie d'une ode de Gray, intitulée, *On a distant prospect of Eton College*. Ne pouvant espérer conserver la verve poétique et la précision des stances originales, je me suis seulement emparée des principales idées de l'auteur, et j'y ai ajouté plusieurs morceaux qui me semblaient nécessaires pour compléter l'élégie telle que je la concevais.

7..

Erra paisiblement, étrangère au chagrin,

Ces lieux tant regrettés, tant désirés en vain.

Les parfums de ces bords que le zéphir m'envole,

Dans mes sens abattus vont réveiller la joie;

Et je crois, enivré d'un bonheur passager,

Respirer mon printemps dans son souffle léger.

J'ai parcouru la vie; ici je crois encore,

Dans mon illusion, en voir briller l'aurore.

Vieillard, j'aime en ses jeux à suivre l'homme-enfant,

A prédire, à chercher dans ses goûts d'un moment,

Avec ses passions le destin de sa vie.

Guide mes faibles yeux, tendre mélancolie,

Qui toujours sur tes pas aimant à revenir,

Consulte le passé riche de souvenir.

C'est ici que souvent, d'un bras encor timide,

J'osai dompter l'effort de ce crystal limpide,

Tandis que sur la rive, ou le cerceau roulant,

Ou la balle qui fuit, ou le léger volant,

Fixait la troupe oisive, et de ce premier âge

Offrait dans ses plaisirs une fidèle image.

J'entends comme autrefois de leurs bruyants éclats
Résonner cette enceinte où j'essayai mes pas.
Quand l'un, pâle et courbé sous le faix de l'étude,
Dans ses traits altérés montrant l'inquiétude,
Prépare en murmurant ces utiles travaux
Dont l'ennui donne seul tant de prix au repos;
L'autre, en aventurier, loin de l'étroit domaine,
Dans sa course rapide a parcouru la plaine;
Mais ce n'est qu'en tremblant qu'il saisit le plaisir,
Il s'arrête, troublé; le souffle du zéphir,
La chute d'un rameau l'épouvante, le glace,
Et lui semble une voix qui rappelle et menace.

    Par les mêmes tableaux ces lieux sont animés,
Mais par d'autres acteurs ces tableaux sont formés.
Ces voûtes ont noirci, de ces arceaux antiques
Les ans ont dégradé les ornements gothiques,
Et dans tous ces objets l'enfance ne voit pas
Les menaces du temps qui grave ici ses pas;
Elle folâtre, hélas! victime imprévoyante,
L'arrêt de l'avenir n'a rien qui l'épouvante:

Craindrait-elle du sort le funeste retour ?
Tous ses soins ne vont pas au delà d'un seul jour.
Ses chagrins les plus vifs sont un léger nuage ;
Quelques larmes à peine en marquent le passage ,
Le sourire déjà brille parmi les pleurs :
Ainsi sous la rosée on voit briller des fleurs.
La santé peint son front des couleurs de la rose ,
Sans crainte elle veillait, sans trouble elle repose,
Et trouve chaque soir, après un jour serein ,
Un sommeil pur et doux qui s'enfuit au matin.

    Age vraiment heureux, dont la seule ignorance
Vaut de tous nos plaisirs la fausse jouissance !
Enfant, tes jours de paix doivent trop tôt finir !
Ç'en est fait, pour le monde il va vivre et souffrir.
Voyez-vous près de lui cette horde ennemie ?
Déjà vont l'assiéger les peines de la vie ;
Par pitié montrez-les à ce fils du malheur,
Dites-lui qu'il est homme , et né pour la douleur.
En proie aux passions, bientôt il va connaître
La colère, l'orgueil, tous les maux qu'il fait naître ;

L'envie, affreux poison qui dévore le cœur;
L'amour, dont il doit craindre et pleurer la faveur;
Et le soupçon jaloux, qui dans l'ame enflammée
Lance à coups redoublés sa flèche envenimée.

D'un soin ambitieux serait-il agité?
Vous voyez l'insensé, vers les honneurs porté,
De succès en succès marcher d'un pas rapide;
Mais du faîte, où l'attend la fortune perfide,
Il tombe, et pour payer ses trompeuses douceurs,
Dans le sein du mépris épuise les douleurs.
Son cœur mal endurci, trop sensible à l'injure,
De l'infidélité va sentir la blessure;
L'ami, l'ingrat ami qu'il eût craint d'offenser,
Viendra sourire aux pleurs qu'il lui fera verser.

Mais, si des passions il ne craint point l'empire,
Si, modeste en ses goûts, il regrette ou désire,
En soumettant au ciel ses regrets et ses vœux;
Est-ce assez, et peut-il se flatter d'être heureux?
Partout, sur cette terre où son destin l'enchaîne,
Les suivants de la mort, plus hideux que leur reine,

Vont par des maux divers arrêter tous ses pas,
Et guider lentement leur victime au trépas.
L'un détruit par degrés la force chancelante;
L'autre allume en nos sens la fièvre dévorante;
La cruelle Démence, aux traits glacés d'horreur,
Souris stupidement à l'aspect du Malheur;
La Misère la suit, et sous sa main glacée
L'ame perd sa vigueur et l'esprit sa pensée;
Et la Vieillesse enfin traîne vers des tombeaux,
Quelques débris mortels qu'épargnent ces fléaux.
Ainsi l'homme accomplit sa carrière pénible :
Esclave des douleurs, s'il porte un cœur sensible
Il va pleurer sans cesse et souffrir dans autrui;
S'il naquit égoïste, il va souffrir en lui....

Mais pourquoi, prévenant sa sombre destinée,
Troubler sitôt l'enfance et sa paix fortunée?
Non, non, de ses regards écartons ce tableau,
Qu'au moins chaque malheur pour elle soit nouveau.

Et moi, qu'ont éclairé l'âge, l'expérience,
Et qui de mon repos ai payé leur science,

Ah ! puissai-je, des maux qui fatiguent mes yeux
Détournant quelquefois les regards vers ces lieux,
Y jouir du bonheur d'un âge qui s'ignore,
Et par l'illusion m'y transporter encore !
Hélas ! l'homme est souvent heureux de souvenir ;
Ainsi quand le temps vole il croit le retenir.
Dans les jours où, si près du terme de la vie,
Pour l'espoir, les projets, sa carrière est finie ;
Jours, dont l'obscurité sépare tristement
La clarté de la nuit et l'être du néant ;
Il vit dans le passé, sa peine alors s'efface,
De ses premiers plaisirs il va chercher la trace :
Ainsi le voyageur, quand l'ombre le poursuit,
Et voile par degré l'astre qui le conduit,
Se tourne en soupirant vers les monts où sa vue
Cherche encore un rayon de la clarté perdue.

7..

UN TABLEAU DU DÉLUGE.

IMITÉ LIBREMENT DE GESSNER.

Des criminels humains la race périssait :
Dieu, marquant l'univers du sceau de sa colère,
Dans l'éternel chaos lui-même replongeait
Ses ouvrages divins, la vie et la lumière.
Aux temples profanés tous les peuples tremblants
Se prosternent en foule et demandent la vie;
Jusqu'aux portes du temple une mer en furie
S'élève, et vient presser les pas des suppliants.

D'un roc voisin des cieux la tête menaçante,
Dans un vaste pays domine seul les eaux,
Et c'est là que Zirvin, poursuivi par les flots,
Monte, et dépose enfin sa Sémire expirante.

Déjà l'Idolatrie égarait les mortels ;
Seuls, ces jeunes époux vivaient dans l'innocence,
Et, de Dieu chaque jour bénissant la clémence,
Allaient d'un pur encens parfumer ses autels.
Ainsi, dans ces déserts, que le soleil dévore,

Où des vents lybiens le souffle fait éclore
Une herbe empoisonnée et des fruits destructeurs;
Parfois deux arbrisseaux, chargés de douces fleurs,
Couvrant de leurs rameaux la terre inculte et nue,
Du voyageur surpris viennent charmer la vue.
Hélas! ces deux époux se livraient à l'espoir,
Ils quittaient de l'hymen la pompe solennelle,
Ils venaient de jurer une amour éternelle,
Et n'ont plus qu'un instant à s'aimer, à se voir!
C'est le même rocher, c'est la grotte sauvage
Où, parmi les parfums et les pleurs du matin,
Au dieu de la nature ils offraient leur hommage;
Menacés de la mort, ils y cherchent en vain,
Au milieu des débris, un salut incertain.

L'onde s'enfle et mugit sous les coups de l'orage;
L'aquilon sur les flots chasse les flots brisés,
La nuit couvre le monde, et les cieux abaissés
Semblent s'appesantir sur le sein des abîmes.
La vague, en se roulant, entraîne avec efforts
Les débris des forêts, les mourants et les morts,

Et va chercher encor de nouvelles victimes,

Tandis que d'une sombre et funeste lueur

La foudre éclaire au loin cette scène d'horreur.

Près de Zirvin, Sémire, et muette et tremblante,

Contemple avec effroi cette mer mugissante,

Et sa voix affaiblie, à travers des sanglots,

Laisse enfin avec peine échapper quelques mots :

« Soutiens-moi dans tes bras, soutiens ta faible amante;

» Guide encore mes pas, Zirvin, mon bien-aimé;

» Voici la mort : bientôt, sous les eaux abîmé,

» Tu n'appelleras plus ta Sémire mourante;

» Bientôt, infortunée! ô pensers déchirants !

» Je cesserai d'aimer, tu cesseras de vivre.

» Vois-tu monter la vague obstinée à nous suivre?

» Au feu de ces éclairs vois ces flots menaçants....

» Ils s'avancent, Zirvin; ô Dieu! terrible juge!

» N'est-il plus de pitié? n'est-il plus de refuge? »

Elle tombe à ces mots, sans vie et sans couleur ;

Tous ses traits sont couverts d'une affreuse pâleur.

Son époux la contemple, il frémit, il oublie

Le courroux d'un Dieu même, et le sort qui l'attend,

Et l'univers entier sous ses yeux périssant;

Il ne voit qu'un objet, Sémire évanouïe;

Il la presse cent fois sur son cœur palpitant,

Hélas! et pour mourir la rappelle à la vie.

    « Sémire, disait-il, Sémire, éveille-toi,

» Attache encor sur moi tes paupières mourantes;

» Ah! du moins rouvre encor ces lèvres pâlissantes;

» Avant de nous quitter, ma Sémire, dis-moi,

» Dis-moi, Zirvin, je t'aime, et que ta voix encore

» Dans le sein du trépas fasse entendre à mon cœur,

» Cet aveu de l'amour, cet accent du bonheur. »

    Sémire se ranime, et son front se colore,

Ses yeux cherchent Zirvin en se rouvrant au jour,

Et leur premier regard n'exprime que l'amour;

Mais bientôt, les portant sur l'abîme de l'onde :

    « Il n'est plus de salut, plus de pardon pour nous,

» Dit-elle; entends, Zirvin, comme la foudre gronde;

» Quelles destructions annoncent le courroux

» Du juge des humains et du maître du monde?

» Arrêt fatal! hélas! nos jours étaient si doux!

» Ils s'écoulaient en paix au sein de l'innocence.

» J'ai perdu les amis de mon heureuse enfance;

» Je n'ai gardé qu'un bien , ton amour et ta foi:

» Et pourtant, ô Zirvin , ce monde solitaire

» A tes côtés encor serait l'Éden pour moi....

» O Dieu! rien ne peut-il désarmer ta colère?

» N'est-il plus de salut, plus de pardon pour nous?

» Souvent, à ton autel fléchissant les genoux,

» Tu nous vis adorer ta suprême puissance ,

» Nos jours coulaient en paix au sein de l'innocence....

» Mais que dis-je? insensée! et quand du haut des cieux

» Le Seigneur a dicté l'arrêt de sa vengeance,

» Dois-je encore implorer, dois-je, esclave orgueilleux,

» Lui demander le prix de mon obéissance? »

Vainement elle prie, et l'Éternel jaloux

De la destruction a consommé l'ouvrage;

Des êtres qu'a frappés le céleste courroux

Rien ne rappelle à l'œil le rapide passage;

L'univers est muet; jusqu'aux cris des mourants

Ont cessé d'animer le champ de leur naufrage,

Et la terre n'est plus qu'une mer sans rivage (1).

La tempête redouble, aux assauts des autans

La mourante Sémire et pâlit et chancelle,

Mais Zirvin la soutient de ses bras défaillants ;

Son courage s'éteint, mais Zirvin le rappelle.

« Déjà la mort qui vient touche à nos pieds tremblants,

» Au delà, ma Sémire, ose porter ta vue.

» Que sont les plus longs jours du plus heureux destin?

» La goutte de rosée au rocher suspendue,

» Que disperse en vapeurs le soleil du matin.

» Ne compte plus ces jours de ta frêle existence,

» Compte l'éternité dont le règne commence.

» Dieu même vient briser l'ouvrage de ses mains,

» Il vient, ce Dieu vengeur, dans la même balance, ·

» Aux justes, aux pervers peser leur récompense :

» Ame innocente et pure adore ses desseins. »

---

(1) *Omnia pontus erat, deerant quoque littora ponto.* (Ovid. *Metamorphos.*)

Comme un léger rayon perce un sombre nuage,
Un espoir renaissant au sein de la douleur,
De l'innocente vierge embellit le visage :
« Oui, j'espère ! dit-elle , et j'attends le bonheur.
» O ma bouche, louez, bénissez le Seigneur ;
» Que la foudre s'allume, et que l'air retentisse ;
» Tonnez , soulevez-vous , abîmes dévorants ,
» Vagues, qui célébrez dans vos mugissements
» Le cantique éternel offert à sa justice.
» Mais, que vois-je ? ô Zirvin, ne m'abandonne pas !
» Déjà l'onde m'entraîne, et notre heure est venue...»

    Elle se tait. Zirvin, l'entourant de ses bras :
» Nous voilà prêts, dit-il, ô Mort ! je te salue. »

    Ainsi les deux époux, s'abandonnant aux flots,
Passent, toujours unis , à l'éternel repos.

INÈS,

ÉPISODE DE LA LUSIADE.

(CAMOENS, ch. III.)

AMOUR, perfide Amour, divinité cruelle,

Tu te plais aux tourments du cœur le plus fidelle,

C'est peu que ton autel soit baigné de nos pleurs,

Et le sang qui l'arrose atteste les fureurs!

Dans ces climats heureux que féconde le Tage,

Inès goûtait en paix les instants du bel âge;

De ses rapides jours filés par les plaisirs,

L'espérance et l'amour partageaient les loisirs.

Courte félicité, ta douceur ennemie

Annonce trop souvent les revers de la vie!

Aux bords du Mondego, qui déroulait en paix

Ses flots enorgueillis par l'image d'Inès,

Dans ce vallon tranquille, elle osait, sans contrainte,

Répéter aux échos ses soupirs et sa plainte.

Don Pèdre, l'héritier et le fils de ses rois,

Dès long-temps épris d'elle, a mérité son choix;

L'hymen, qui de l'amour conserva le mystère,

Vint allumer pour eux son flambeau tutélaire,

Et le prince, à regret éloigné de ces lieux,

De la tremblante Inès a reçu les adieux.

Seul, son époux absent occupe sa pensée,

Des pleurs viennent mouiller sa paupière baissée;
Mais quand son jeune fils, assis sur ses genoux,
Prononce en bégayant le nom de cet époux,
De l'avenir douteux l'espoir et les alarmes
Mêlent dans ses beaux yeux les ris avec les larmes.

Le prince, retenu par les soins de sa cour,
Comme la tendre Inès ne vit que pour l'amour.
Parmi d'autres beautés, sa mémoire fidelle
Lui montre son amante, et ne parle que d'elle.
Sa flamme se nourrit de tendres souvenirs;
Ses songes, ses pensers, ses peines, ses plaisirs,
(S'il est quelque plaisir loin de l'objet qu'on aime)!
Tout lui rappelle Inès, tout devient elle-même.

C'est vainement qu'Alphonse, et son père et son roi,
De Pèdre pour l'hymen vient d'engager la foi;
La fille de vingt rois est par lui rejetée :
La seule Inès commande à cette ame indomtée.
Ses refus irritaient un monarque jaloux,
Et les grands par leur plainte animent son courroux.
« Quoi! l'héritier d'un trône orné par la victoire,

» Disaient-ils, oubliant et nos droits et sa gloire,

» Par un obscur hymen trahira ses sujets,

» Et courbera nos fronts sous le sceptre d'Inès? »

Le peuple murmurait : pour venger sa puissance,

Alphonse va punir un amour qui l'offense;

Du supplice d'Inès on a fixé le jour;

Tout son sang doit payer ce malheureux amour.

   Ciel! son époux l'ignore, et déjà condamnée

Au trône du monarque Inès est amenée :

Au milieu des bourreaux et du peuple irrité,

Elle a pour seul appui ses pleurs et sa beauté.

De Pèdre, de ses fils le souvenir l'accable;

Elle élève ses yeux vers le ciel implacable....

Ses yeux! des fers chargeaient ses innocentes mains (1).

   « Alphonse, il est donc vrai, tes ordres souverains

---

(1) On voit assez que le Camoëns a imité ici le beau passage du 2ᵉ. livre de l'*Énéide*, où Virgile peint Cassandre entraînée par les Grecs.

Ad cœlum tendens ardentia lumina frustra;
Lumina, nam teneras arcebant vincula palmas.

» Ont d'une infortunée ordonné le supplice,

» Dit-elle? De ton règne on vante la justice;

» Le Maure, enfin soumis, a fléchi sous ta loi;

» Mais la gloire de vaincre est-elle assez pour toi?

» Tu sus donner la mort, accorde-moi la vie,

» Pardonne à l'innocence et faible et poursuivie.

» L'amour, qui fit lui seul mon crime et mon malheur,

» Entre le prince et moi fut le seul séducteur;

» Je n'ai point recherché son dangereux hommage;

» Je l'aimai, je lui plûs, j'expîrai cet outrage.

» Mais du moins prends pitié de mes fils malheureux,

» Et que mes jours proscrits soient prolongés pour eux.

» Dans les climats brûlants, bornes de ta puissance,

» J'irai pleurer mon crime et bénir ta clémence;

» Le cœur plein de l'objet pour qui j'ai tant souffert,

» J'y finirai mes jours dans le fond d'un désert;

» Et j'aurai pour soutien, au sein de ma misère,

» Les soins de mes enfants, l'image de leur père. »

A sa plainte, à ses pleurs se laissant émouvoir,
Alphonse du pardon lui permettait l'espoir;

Mais le peuple et le sort demandant leur victime :
De cruels courtisans, les conseillers du crime,
Préviennent par sa mort un pardon généreux.
Que faites-vous, ô ciel! vous, chevaliers, vous, preux?
Dans le pur sang d'Inès, quoi! vous souillez vos armes,
Vous déchirez son sein inondé de ses larmes....
Vous-mêmes qui juriez de servir la beauté!

Comme une tendre fleur qui brille un jour d'été,
Sous le fer qui l'abat tombe et reste flétrie,
Inès meurt : sur son front les couleurs de la vie
S'effacent sans retour, et la main du trépas
De son voile livide a couvert tant d'appas.
L'Amour ferme à regret sa paupière mourante,
Déteste ses fureurs, et pleure cette amante
Qui, d'une voix éteinte appelant son époux,
Avec un dernier souffle exhale un nom si doux.

Nymphes du Mondego, sur vos plages désertes,
Vous avez célébré ses malheurs et vos pertes.
Pour les siècles futurs monument de douleurs,
Une fontaine enfin s'y forma de vos pleurs ;

L'Amour veut que cette onde, à jamais consacrée,
Éternise d'Inès la mémoire adorée ;
Sous des myrthes fleuris il en trace le cours,
Et nomme ce beau lieu FONTAINE DES AMOURS ! (1)

IMITATION LIBRE DE MILTON.

COMMENCEMENT DU 3ᵉ. LIVRE DU PARADIS PERDU.

O LUMIÈRE ! salut ! salut, jour immortel !
Inneffable rayon du seul Être éternel.
Je te nomme en tremblant, toi, qui de Dieu lui-même
Voile resplendissant et demeure suprême,
T'écoules de sa gloire en torrent de clarté,
Et remplis l'univers, épris de ta beauté.
A mon esprit mortel quelle muse inspirée
Dira ton origine et ta source sacrée,
Cette source féconde où tu puises tes feux ?

---

(1) *La Fontaine d'Amour* existe encore dans cette vallée
arrosée par le Mondego, et où on assure que l'habitation d'Inès
de Castro se trouvait autrefois.

Seule, tu précédas l'astre éclatant des cieux,
Tu précédas les temps; et quand ce nouveau monde,
Arraché de l'abîme et de la mer profonde,
Fut conquis par un mot sur l'horrible néant,
Tu vins le revêtir comme un manteau brillant.

Je revole vers toi d'une aile audacieuse.
C'en est fait, j'ai quitté la région affreuse,
Où mon luth célébra, dans ses accords nouveaux,
L'empire de la Nuit et l'informe Chaos.
Je tentai, sur les pas d'une Muse céleste,
Du ténébreux Enfer la descente funeste,
Et déjà rappelé vers les portes du Jour,
Mes yeux de tes rayons ont senti le retour :
Mais ces yeux obscurcis entr'eux et la lumière,
Trouvent d'un voile épais l'invincible barrière,
Et pour te suivre encore, en vain leur globe errant
Dans son orbe enflammé se roule impatient.

Seul guide de mes pas, la Muse qui m'inspire
M'appelle encore aux lieux enchantés par sa lyre;
Vers l'antique forêt, vers les flots révérés

Où l'altière Sion baigne ses pieds sacrés.

C'est là que je sens naître et jaillir ma pensée,
Au rhythme harmonieux soumise et cadencée ;
Du sein de cette nuit qui me couvre à jamais,
J'élève vers le ciel ma voix et mes regrets :
Tel le chantre des bois, caché sous le feuillage,
De sa plainte nocturne attendrit le bocage.

Hélas ! c'est vainement que l'astre des saisons
A varié pour nous leurs plaisirs et leurs dons ;
Que chacune à son tour, sur le front de l'Année,
Remplace de sa sœur la guirlande fanée ;
Qu'à son tour rappelé le Jour chasse la Nuit ;
La Nuit règne pour moi dans le jour qui la suit.
L'Aube, des feux du Ciel aimable avant-courrière,
Des doux rayons du Soir la mourante lumière,
La verdure au printemps, les roses de l'été,
Et l'image d'un Dieu dans l'humaine beauté ;
Ces plaisirs de nos sens par qui l'ame s'éclaire ;
Je les ai tous perdus : voyageur solitaire,
Je marche en hésitant, de ténèbres couvert ;

Entouré des humains, je parcours un désert.

Dieu, de l'esprit humain protégeant la faiblesse,

Lui laisse dans son œuvre adorer sa sagesse.

La nature à moi seul, par un destin jaloux,

Ferme à jamais son livre ouvert aux yeux de tous.

———

PIÈCES MÊLÉES.

~~~~~~

THE UNIVERSAL PRAYER.

(POPE.)

FATHER of all! in ev'ry age,
 In ev'ry clime, ador'd,
By saint, by savage, and by sage,
 Jehovah, Jove, or lord!

Thou, great first cause, least understood,
 Who all my sense confin'd
To know but this, that thou art good,
 And that myself am blind.

Yet, gave me, in this dark estate,
 To see the good from ill
And binding nature fast in fate,
 Left free the uman will.

LA PRIÈRE UNIVERSELLE.

Père de tout, ô toi qui devanças les âges,
Que sous des noms divers, en tout temps, en tout lieu,
Ont adoré les saints, les barbares, les sages,
    Jéhova, Jupiter, ou Dieu.

J'ignore tes desseins, et j'ignore mon être :
En vain l'homme orgueilleux cherche la vérité,
A son esprit mortel tu ne laissas connaître
    Que sa faiblesse et ta bonté.

Cependant, égaré dans une route obscure,
Vers le bien ou le mal je marche en liberté;
Des règles du destin, qui soumet la nature,
    Tu délivras ma volonté.

What conscience dictates to be done
   Or warns me not to do
This, teach me more than hell to shun,
   That, more than heav'n pursue.

What blessings thy free bounty gives
   Let me not cast away ;
For god is paid, when man receives,
   T' enjoy is to obey.

Yet not to earth's contracted span
   Thy goodness let me bound ;
Or think thee lord alone of man,
   When thousand worlds are round!

Let not this weak, un knowing hand,
   Presume thy bollt to throw,
And deal damnation round the land,
   On each I judge thy foe !

La conscience parle, et cette voix suprême
De mes penchants secrets m'enseigne à triompher,
A poursuivre le bien à l'égal du ciel même,
    A fuir le mal plus que l'enfer.

Des présents que sur l'homme a versés ta clémence
Grand Dieu ! ne permets pas que j'ignore le prix;
Mon bonheur de tes dons est la reconnaissance,
    Et je te sers quand je jouis.

Ne permets pas surtout que j'ose, en mon ivresse,
Donnant à ton pouvoir des bornes et des loix,
Penser que l'homme seul occupe ta sagesse,
    Quand l'univers marche à ta voix.

Défends à ton esclave, et faible et téméraire,
De lancer en ton nom les traits de la fureur,
Et d'oser t'annoncer à l'effroi de la terre
    Comme un dieu terrible et vengeur.

If I am right; thy grace impart
   Still in the right to stay;
If I am wrong, o teach my heart
   To find that better way.

Save me alike from foolish pride
   Or impious discontent,
At aught thy wisdom has deny'd
   Or aught thy goodness lent.

Teach me to feel another's woe,
   To hide the faults I see;
That mercy I to others show
   That mercy show to me.

Mean tho' I am, not wholly so,
   Since quicken'd by thy breath;
O lead me where soe'er I go,
   Thro' this day's life or death.

Si j'ai du droit chemin su conserver la trace,
Affermis, pour le suivre, et mes pas et mon cœur;
Mais si je m'égarai, que du moins de ta grâce
    J'obtienne un rayon conducteur.

Si tu verses tes dons sur mon heureuse vie,
Si ta rigueur m'accable et rejette mes vœux,
Daigne me garantir, ou du blasphême impie,
    Ou de l'orgueil présomptueux.

Que toujours animé d'une douce indulgence,
Sur les défauts d'autrui je jette un voile heureux;
Et puissé-je obtenir de ta juste clémence
    La pitié que j'aurai pour eux!

Je suis faible et rampant, mais je suis ton ouvrage,
C'est ton souffle divin qui m'a donné l'essor:
O Dieu! guide mes pas, et conduis ton image
    Dans ce jour de vie ou de mort.

                                  8....

This day, be bread and peace my lot;
   All else beneath the sun,
Thou know'st if best bestow'd or not;
   And let thy will be done.

To thee, whose temple is all space,
   Whose altar, earth, sea, skies,
One chorus let all being raise,
   All nature's incense rise!

Du pain, la paix du cœur, tel sera mon partage;
De tous les biens divers dont ce monde est rempli,
Toi seul connais pour moi le danger ou l'usage :
    Que ton vouloir soit accompli.

Être seul éternel, dont le temple est l'espace,
Dont l'autel est assis sur la terre et les mers,
Que les êtres vivants animés par ta grâce
    Te bénissent dans leurs concerts.

STANCES.

AUX POÈTES TRADUCTEURS.

Sur les bords du Permesse, où ma Muse infidelle
 Tant de fois trompa mon espoir,
 Un nouveau sujet me rappelle,
Et d'y suivre ses pas vient me faire un devoir.
 Oui, si des champs de l'harmonie
 Je ne puis aux fils du génie
 Disputer les brillantes fleurs;
 Du moins, par le zèle inspirée,
 Ma voix en défendra l'entrée
 A la foule des traducteurs.

Sous ses heureuses lois, toi que Phébus appèle,
 Dans la lice où tu vas courir
 Cherche moins souvent un modèle,
Et toi-même plutôt songe à le devenir.

Des maîtres la cour peu nombreuse
N'offre à ta vue audacieuse
Que de plus fortunés rivaux ;
Suis-les, non parmi leurs esclaves ;
Reçois des lois, non des entraves ;
Vois leurs beautés et leurs défauts.

D'un siècle qui t'égare adoptant la folie,
Déjà traducteur à vingt ans,
Tu déshérites ton génie
Des succès que peut-être il obtiendrait du temps.
Mais crains, si ta Muse timide
Ose enfin s'affranchir d'un guide,
De la voir s'égarer sans lui :
Comme l'enfant, de sa lisière
Privé par une main sévère,
Retombe en perdant cet appui.

Banni loin du parvis des filles de mémoire,

A peine connu dans nos temps,

Est-ce assez pour toi d'une gloire

Qu'il faut rendre à celui dont tu redis les chants?

Des soleils, qu'une main puissante

Sema sur la voûte éclatante

Qui couronne cet univers,

Les globes, obscure matière,

Empruntent ainsi la lumière

Qui les fait briller dans les airs.

L'auteur original ne connaît qu'un modèle,

Qui chaque jour à ses pinceaux

Offrant une tâche nouvelle,

D'objets toujours divers enrichit ses tableaux :

Imitateurs de la nature,

Venez, c'est à sa source pure

Que votre Muse doit puiser ;

Et, d'un beau désir transportée,

Y remplir la coupe enchantée

Qui se vide sans s'épuiser.

De l'arène sans guide osez franchir l'espace;
　　Une noble ardeur vous soutient.
　　Heureux qui dit, avec Horace :
« Le peu que je possède à moi seul appartient (1). »
　　Jamais, courbant un front servile
　　Devant quelqu'auteur plus habile,
　　Il ne dégrade sa fierté;
　　Et, libre comme sa pensée,
　　Par la route qu'il s'est tracée
　　Il atteint l'immortalité.

L'esprit sait imiter, et c'est là son partage.
　　Du génie, heureux créateur,
　　Pourrait-il égaler l'ouvrage ?
L'un lui donne la vie, et l'autre la couleur.
　　On a vu l'ignorant vulgaire,
　　Méconnaissant leur caractère,
　　Les unir sur un même autel :

(1) *Meo sum pauper in aere.* (Horace.)

Pareils aux deux fils de Tindare,
Le destin bientôt les sépare ;
L'un est homme, l'autre immortel.

O génie inventeur ! toi seul par ton exemple
Instruiras les âges divers :
Pareil à cet antique temple
Dont les débris sacrés règnent sur des déserts ;
Lorsque des ans le cours rapide
Va couvrir d'un oubli perfide
L'ouvrage de l'imitateur ;
Tu restes, parmi les ruines ,
Conservant les traces divines
D'un art unique et créateur.

La plume est dans ta main la baguette d'Armide.
Tu parles : nouvel enchanteur,
Et le site le plus aride
A ton gré va s'orner et de fruits et de fleurs.
Déjà l'imitateur s'empresse ;

Il croit, séduit par leur richesse,
En parer un nouveau climat......
Mais, du sol natal arrachée,
Vous voyez leur tige séchée
Languir, et perdre son éclat.

En vain plus d'un auteur nous dit en son délire :
« Quoi, rival de l'antiquité,
» Tu penses trouver sur la lyre
» Quelques accords nouveaux qu'elle n'a point tenté?
» Aux temps de Virgile et d'Homère
» Phébus prodigua sa lumière;
» Mais sur leurs pas il a fermé
» Cette mine heureuse et féconde,
» Qui dans les premiers jours du monde
» S'ouvrit au poète charmé. »

Non, la nature a su, d'une main libérale,
Aux héritiers de ces beaux temps
Faire une part moins inégale,

Et voit encor des fils dans ses derniers enfants.

Plus fortunés que nos ancêtres,
Les chutes même de nos maîtres
Nous éloignent de leurs erreurs;
Sur une plage mieux connue,
Elles offrent à notre vue
Autant de phares conducteurs.

Peut-être une carrière, et plus vaste et plus belle,
Va s'ouvrir à nos yeux surpris;
Peut-être une palme immortelle
Est réservée encore à des travaux hardis.
Nouveaux Colombs, dans notre audace
Allons, et franchissant l'espace
Des pays déjà découverts;
Osons, à travers les orages,
Poursuivre ces nouveaux rivages
Que défendent en vain les mers.

BION ET L'AMOUR.

Vénus m'est apparue un jour ;
Un jeune enfant (c'était l'Amour)
Suivait ses pas d'un air timide.
« Chantre des bois, me dit Cypris,
» Reçois mon fils, sois son maître et son guide;
» Enseigne-lui tes chants. » Je la crus, j'obéis.
A l'enfant curieux bientôt je veux apprendre
Par quel art le dieu Pan, au faible chalumeau
Sut prêter un son doux et tendre,
Et forma le premier les rustiques pipeaux ;
Dans quel temps la cithare et la lyre divine
A Mercure, à Phébus durent leur origine.
Le dieu malin à peine écoutait mes discours :
Mais bientôt, d'une voix légère,
Il célébra le pouvoir de sa mère ;
Des hommes et des dieux il chanta les amours .....

Hélas ! j'oubliai tout : mon savoir inutile
S'est effacé de mon esprit ;
C'est moi qui suis son disciple docile :
Je ne me souviens plus que de ce qu'il m'apprit.

LA TEMPÊTE.

IMITÉE DE GESSNER.

Deux bergers gardaient leurs troupeaux
Aux lieux où de son lit, hérissé de roseaux,
Le Tipherne s'enfuit au sein de l'onde amère.
Les nuages déjà, par l'aquilon portés,
S'amoncelaient au loin ; l'hirondelle étrangère
Et l'alcyon plaintif erraient épouvantés ;
L'orage menaçant planait sur la campagne,
Et la brebis bêlante, et le timide agneau,
Fuyant vers leur abri, désertaient la montagne :
Les bergers restaient seuls assis sur le coteau.

Vois, Misis, dit Lamon, que ce calme est terrible!
Le soleil jette encore un rayon incertain ;
Mais cette nue obscure, ainsi qu'un mont horrible
S'élève, et par degrés dévore un ciel serein.

Ce golfe, dont mon œil cherche en vain le rivage,
De l'éternelle nuit me présente l'image.
Des phares élevés la tremblante lueur
  Va se briser au sein de l'onde,
  Et dans l'obscurité profonde,
Étincelante au loin, en redouble l'horreur.
Déjà le vent mugit en déchirant les nues ;
En un vaste chaos les confond dans les airs,
Les pousse, les repousse, et soulevant les mers,
Blanchit le flot brisé sur ces roches aiguës.

  Auprès de nous tout cède à la frayeur.
  L'habitant léger du bocage,
Fuyant d'un vol plus prompt, jette un cri de terreur;
Et pourtant je ne sais, à l'aspect de l'orage,

Quel plaisir inquiet vient agiter mon cœur.

Demeurons : ce rocher, sous sa grotte sauvage

Offre un asyle protecteur.

MISIS.

Comme toi j'aime à voir les vagues bouillonnantes

Frapper le pied des rocs creusés par leurs assauts,

Et des antres muets réveiller les échos.

Ces forêts abaissant leurs masses ondoyantes.....

Le ciel s'ouvre, il éclate, et dans ses flancs brisés

Découvre à nos regards d'autres cieux embrasés.

Vois ces flèches de feu s'imprimer sur les ombres,

Vois les flots, qui tantôt vers la nue élancés,

Tantôt sont repoussés vers ces abîmes sombres.

Quels longs gémissements de la terre et de l'eau !

De quels bruits menaçants mon oreille est frappée?...

Mais, quel objet?... Dieux ! un vaisseau !

Un vaisseau suspendu sur la vague escarpée!....

O ciel ! elle s'écroule, et je le cherche en vain....

Navire malheureux ! quel sera ton destin?

LAMON.

Il reparaît, Misis : jouet de la tempête,

Il frappe les écueils qui déchirent ses flancs.

O Dieu! Dieu paternel! épargne tes enfants.

La vague plane sur leur tête :

C'en est fait! plus d'espoir! abîmés sous les flots....

Infortunés, vous quittiez le repos,

Les champs de vos aïeux, le ciel de la patrie,

Pour éprouver au loin la mer et sa furie!

Quel funeste désir vous guida vers ce bord?

Dans vos climats lointains une terre ennemie

A-t-elle refusé ses fruits à votre vie?

Vous cherchiez la fortune, et vous trouvez la mort.

MISIS.

Hélas! vos enfants et vos mères

Arrosent vainement de leurs larmes amères

Et le rivage et le seuil paternel;

Vainement de Neptune ils entourent l'autel;

Vos corps, privés de sépulture,

(Tandis qu'un vain tombeau recevra leur encens)
Vont des monstres des mers devenir la pâture.....
    Dieux protecteurs et bienfaisants !
Souffrez que plus heureux, sous ces pauvres chaumières,
    Que satisfait de peu, sans richesse et sans soins,
    Mon champ et mon troupeau bornent tous mes besoins.

LAMON.

Ah ! si j'ose former d'indiscrètes prières,
    Si j'ose murmurer jamais,
Et te demander plus que la vie et la paix ;
Ciel ! puissé-je à mon tour éprouver ta colère.

MISIS.

Viens, Lamon, suis mes pas au pied de ces coteaux ;
Peut-être un des nochers, rejeté sur la terre,
A dérobé sa vie à la fureur des flots :
Que du moins, s'il n'est plus, son ombre passagère
    Doive à nos soins la tombe et le repos.

Lamon le suit : tous deux parviennent au rivage.

Un homme, environné des débris du naufrage,
Sur le sable étendu bientôt s'offre à leurs yeux;
Sa beauté se parait des grâces du jeune âge :
Tel le fils de Maya brille aux portes des cieux,
Lorsqu'au roi de l'Olympe il porte notre hommage.
Hélas! il n'était plus! De ces bergers pieux
Le jeune nautonnier reçut la sépulture;
Le sable hospitalier fut baigné d'une eau pure,
Et la douce pitié vint y mêler ses pleurs.
Inutile dépôt d'une richesse vaine,
Qui n'avait pu sauver ses tristes possesseurs,
Un coffre précieux, rejeté sur l'arène,
A frappé les regards de nos bergers surpris.
Que faire de cet or, dit Lamon à Misis?

MISIS.

L'ensevelir, Lamon, en perdre la mémoire;
De ce funeste bien nous préservent les dieux !...:
Mais plutôt, si tu veux m'en croire,
Gardons-le pour son maître, ou pour les malheureux.

9

Le trésor dans leurs mains demeurait inutile.

Enfin, près du rivage où cet infortuné

A leurs soins bienfaisants dut son dernier asile,

On en bâtit un temple élégamment orné.

Le marbre blanc et pur s'arrondit en colonne;

Le lierre en longs festons serpente et les couronne;

Et, dans l'enfoncement de ce parvis sacré,

On place le dieu Pan, des pasteurs révéré.

O modération! véritable sagesse!

Règne aussi dans ce temple, et sois-en la déesse;

Que ces simples bergers apprennent aux mortels

A chercher le bonheur au pied de tes autels.

FIN.

TABLE DES MATIÈRES.

FIN DE LA TABLE.

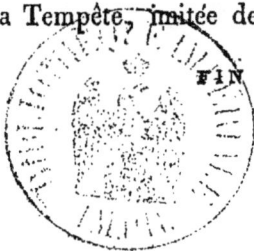